H. W Fyffe

Directory of Johnson County, Iowa, for 1878-79, comprising a complete list of all resident tax payers in the county,

By townships with post office address. With list of township officers and notaries public; also list of post

H. W Fyffe

Directory of Johnson County, Iowa, for 1878-79, comprising a complete list of all resident tax payers in the county,

By townships with post office address. With list of township officers and notaries public; also list of post

ISBN/EAN: 9783337713751

Printed in Europe, USA, Canada, Australia, Japan

Cover: Foto ©ninafisch / pixelio.de

More available books at **www.hansebooks.com**

DIRECTORY

OF

JOHNSON COUNTY, IOWA,

FOR 1878–'9,

COMPRISING A COMPLETE LIST OF ALL RESIDENT TAX PAYERS IN THE COUNTY, BY TOWNSHIPS, (EXCEPT IOWA CITY,) IN ALPHABETICAL ORDER, WITH POST OFFICE ADDRESS.

WITH

LIST OF TOWNSHIP OFFICERS AND NOTARIES PUBLIC.

ALSO,

LIST OF POST OFFICES, AND WHERE LOCATED.

Compiled by H. W. **FYFFE.**

BURLINGTON, IOWA:
ACRES, BLACKMAR & CO., PRINTERS.

F
627   Fyffe, H   W
.J66d   Directory of Johnson county, Iowa, for
1878/79 1878-'9, comprising a complete list of
       all resident tax payers in the county,
       by townships (except Iowa City)...with
       post office address. With list of town-
       ship officers and notaries public; also,
       list of post offices, and where located.
       Comp. by H. W. Fyffe. Burlington, Iowa,
       Acres Blackman & co. [1878]
            116 p. 23cm.
25125

85243 cop. 3

Entered according to Act of Congress, in the year A. D. 1878,
By H. W. FYFFE,
In the office of the Librarian of Congress, at Washington.

INTRODUCTORY.

The design of the Compiler of this work is to furnish to the citizens of the County a complete and reliable County Directory of all Tax-Payers in the County, by townships. To this end, the most reliable information that could be obtained has been sought. The townships have been visited, and diligent inquiry made, so as to secure the names and address of residents reliably.

In this work there are about four thousand names, carefully arranged.

THE COMPILER.

A LIST OF
POST OFFICES IN JOHNSON COUNTY

TOWNSHIPS.	NAMES OF OFFICES.
Iowa City	Iowa City, *(Money Order.)*
Big Grove..............	Solon Town, *(Money Order.)*
Clear Creek,............	Tiffin "
Fremont	Lone Tree Town.
"	River Junction Town.
"	Shoo-Fly, N E¼ S E¼, 32, 77, 5.
Graham.................	Oasis Town Station.
"	Morse Town Station.
Hardin	Windham Town.
Jefferson	Shueyville Town.
Liberty	South Liberty, Bon Accord P. O.
Madison	Chase, S W¼ 22, 81, 7.
Monroe	Danforth, W½ S W¼ 3, 81, 8.
Newport	Newport Town.
Oxford.................	Oxford Town, *(Money Order.)*
Penn...................	North Liberty Town.
Pleasant Valley.........	Morfordsville.
Sharon.................	Sharon Center, S E¼ S E¼ 15, 78, 7.
Union	Unity, N E¼ 16, 76, 7.
Washington............	Williamstown, Frank Pierce P. O.
"	Amish, S W¼ N W¼ 28, 78, 8.
Coralville	Coralville Town and Post Office.

JOHNSON COUNTY DIRECTORY.

BIG GROVE TOWNSHIP.

Altman, John A., ...Solon P. O.
Altman, Martin .... "   "
Altman, A .... "   "
Adams, William, ... "   "
Anderson, David C., (*poll*)....................... "   "
Anders, P. B..................................... Solon Town.

CEDAR TOWNSHIP.

Adams, Moses .... Solon P. O.
Adams, James M .... "   "
Adams, Ed. M .... "   "
Adams, John...................................... "   "
Adams, John L. (*tenant*)......................... "   "

CLEAR CREEK TOWNSHIP.

Abrams, Ebenezer............................. Iowa City P. O.
Albright, Samuel, (*tenant*)....................Tiffin P. O.
Anthony, Robert,   "   .... "   "
Anthony, Wm. C. .... "   "
Akerman, M....................................... "   "

FREMONT TOWNSHIP.

Anderson, Robert............................. Shoo Fly P. O.
Attigg, George .... "   "   "
Amlong, George............................... Lone Tree P. O.
Allison, James................................... "   "   "
Ashton, T. H., (*tenant*)........................ "   "   "

GRAHAM TOWNSHIP.

Andrews, Orin................................... Morse P. O.
Akers, Moses D.................................. "   "
Andrews, John G................................. "   "
Albright, August, (*tenant*)..................... "   "
Andrews, William M............................. Morse Town.
Albin, George M................................ Oasis Town.
Albin & Atkison................................. "   "
Atkinson .... "   "

HARDIN TOWNSHIP.

Anderson, James	Windham P. O.
Anderson, Thomas H., *(tenant)*	" "
Andrews, N. O.	" "
Ancieux, Victor, *(tenant)*	Oxford P. O.

JEFFERSON TOWNSHIP.

Anderson, George W.	Western P. O., Linn County.
Anderson, Wm. R.	" " " "
Anderson, Levi	Shneyville P. O.
Anderson, Wm. C., *(tenant)*	" "
Anderson, Elliott	" "
Anderson, A.	" "
Anderle, John	" "
Anderle, Wenzel	" "
Anderle, Frank	" "
Anders, Fremont, *(tenant)*	" "

LIBERTY TOWNSHIP.

Altmire, Andrew	Bon Accord P. O.
Altmire, Adam	" " "
Adkin, Robert	Iowa City P. O.
Adkin, C. B., *(tenant)*	" " "
Adkin, Thomas F., *(poll)*	" " "

LINCOLN TOWNSHIP.

Aylsworth, Charles	Lone Tree P. O.
Aylsworth, Orin N.	" " "
Aylsworth, Wm. E.	" " "
Agnew, George, *(tenant)*	Iowa City P. O.

MADISON TOWNSHIP.

Alloway, Samuel	Chase P. O.
Abbott, D. H., *(poll)*	North Liberty P. O.
Anderson, George, *(tenant)*	" " "

MONROE TOWNSHIP.

Almond, Stephen	Danforth P. O.
Adams, J. W. S., *(tenant)*	" "
Adams, M. A., "	" "
Adams, George, "	" "
Adams, James, "	" "
Albert, Charles, Est.	" "

NEWPORT TOWNSHIP.

Arnold, Cornelius	Newport P. O.
Abitz, Charles	" "
Adkins, Alexander	" "
Anson, John M	" "
Anton, Frank and Kate	Iowa City P. O.
Aicher, Zephraim	" " "
Ahrine, Conrad, (*poll*)	" " "

OXFORD TOWNSHIP.

Ackerman, M	Tiffin P. O.
Aughey, Jane	Oxford Town.

PENN TOWNSHIP.

Albright, Abraham	North Liberty P. O.
Albright, Mathias	" " "
Albright, Samuel S	" " "
Alt, Jacob H	" " "
Alt, Joseph A	" " "
Alt, Peter	" " "
Anderson, John A	" " "
Anderson, Joseph	" " "
Aloway, Samuel	North Liberty Town.
Anderson, William A	" " "
Abbott, Cyrus	Iowa City P. O.
Abbott, Cyrus, Jr., (*tenant*)	" " "
Ancarx, Charles,	" " "

PLEASANT VALLEY TOWNSHIP.

Ashdown, Thomas	Iowa City P. O.
Applegate, Nathan	" " "
Anderson, Emma	" " "

SCOTT TOWNSHIP.

Abbin, George	West Branch P. O.
Applegate, T. T	Downey P. O.
Allen, John	Iowa City P. O.
Allen, Thomas B	" " "
Alderman, P. A., (*tenant*)	" " "
Applegate, Elijah	" " "

SHARON TOWNSHIP.

Altmire, Philip	Iowa City P. O.
Amish, Adam	Bon Accord P. O.
Arnd, Charles, (*tenant*)	Sharon Center P. O.
Ackley, John, "	Middleburg P. O.

UNION TOWNSHIP.

Amthony, Edmond, (tenant)..................Unity P. O.
Amthony, W. C.,   "   "   "

WASHINGTON TOWNSHIP.

Acher, John..............................Windham P. O.
Andrews, Adam ....   "   "
Andrews, W. R., (poll)...................   "   "

LUCAS TOWNSHIP.

Appleyard, William, (tenant)..............Iowa City P. O.
Adams, Nelson .... "   "   "
Allen, Amza, (tenant) .... "   "   "
Anderson, John D. (tenant)............... "   "   "
Anderson, Fred. (poll) .... "   "   "
Adams, Charles B. (poll)................. "   "   "

TOWN OF CORALVILLE.

Ancarx, Louis, (tenant)..................Coralville P. O.
Amspoker, John V........................   "   "
Ancioux, Louis, (tenant).................   "   "

BIG GROVE TOWNSHIP.

Brakel, John, sen........................Solon P. O.
Blain, A. W .... "   "
Beuter, Anthony W......................   "   "
Berenak, James..........................   "   "
Boal, William............................ "   "
Barta, Wenzel............................ "   "
Brakel, W. & Hanson R..................   "   "
Bleobena, Anna..........................   "   "
Booresh, Joseph, [tenant]................ "   "
Brakel, John C.,   " .... "   "
Beck, Lena..............................   "   "
Buchanan, James.........................Solon Town.
Buchanan, William H....................   "   "
Beuter, A. J............................   "   "
Beakel, John C..........................   "   "
Bartlett, Waldo.......................... "   "
Burgess, E. M...........................   "   "
Bowman, Christian ....   "   "
Beranak, John ....   "   "
Bowman, Everett........................   "   "

CEDAR TOWNSHIP.

Brush, John ....Solon P. O.
Bulashek, Joseph .... "   "
Bostesh, John .... "   "
Baron, James .... "   "
Browning, A. H .... "   "
Bock, Godfred .... "   "
Bock, Christian, [tenant] .... "   "
Brown, E. A .... "   "
Bowman, Samuel M .... "   "
Brown, J. G .... "   "
Brown, Jas. M .... "   "
Barter, James .... "   "
Bumgarner, J. H., (tenant) .... "   "
Barnes, M. C ....Lisbon P. O. Linn County.
Beese, Carl .... "   "   "   "
Bittinger, David .... "   "   "   "
Button, Jacob .... "   "   "   "
Brenneman, John .... "   "   "   "
Brenneman, Warren .... "   "   "   "
Brinner, James ....Morse P. O.
Bucher, James .... "   "
Bucher, Patrick .... "   "
Bucher, Michael .... "   "
Butler, James .... "   "
Beranak, James, Jr., (tenant) .... "   "
Butler, Thomas .... "   "

CLEAR CREEK TOWNSHIP.

Burke, Cornelius, (tenant) ....Tiffin P. O.
Bolland, William .... "   "
Beam, Isaac .... "   "
Brown, Morris .... "   "
Brown, Gilbert A., (tenant) .... "   "
Brown, Jeremiah .... "   "
Brown, J. A., Dr .... "   "
Branstetler, Philip .... "   "
Bond, A. J .... "   "
Bond, Charles A .... "   "
Brandt, John, Sen .... "   "
Brandt, John, Jr., (tenant) .... "   "
Bowers, Nathan .... "   "
Bowers, Joseph .... "   "
Banning, John .... "   "

CLEAR CREEK TOWNSHIP—Continued.

Burke, Cornelius, (*tenant*)..................Tiffin P. O.
Booker, Mrs. Elizabeth............................ " "
Brooks, Charles, (*tenant*)....................... " "
Burge, David, " .... " "
Beck, Mrs. Sarah................................. " "
Barron, John, (*tenant*).......................... " "
Bolland, John, " .... " "

FREMONT TOWNSHIP.

Brophy, Joseph F..........................Lone Tree P. O.
Beaty, John K.................................... " " "
Beaty, George.................................... " " "
Baker, Eliza..................................... " " "
Blevens, Eli..................................... " " "
Brown, A. H., Dealer in Lumber...............Lone Tree Town.
Baker, Z. T...................................... " " "
Baker & Bros., Merchants......................... " " "
Baker, E. C. & M..........................Shoo Fly P. O.
Blaylock, Oliver..........................River Junction P. O.
Baker, W. S...............................Lone Tree Town.

GRAHAM TOWNSHIP.

Boyce, William H..........................Morse P. O.
Beecher, James................................... " "
Brock, Leonard................................... " "
Beeson, Absalom.................................. " "
Beeson, Jeremiah, (*tenant*)..................... " "
Beeson, Isaac, (*poll*).......................... " "
Beeson, Thomas................................... " "
Borschel, Adam................................... " "
Birch, Henry, (*tenant*)......................... " "
Beck, August..................................... " "
Brock, Peter..................................... " "
Bick, August..................................... " "
Brunt, Stephen............................Morse Town.
Brick, John...................................... " "
Beecher, John.............................Oasis P. O.
Bastian, Charles................................. " "
Brown, Robert.................................... " "

HARDIN TOWNSHIP.

Barry, John...............................Oxford P. O.
Bradley, Cornelius............................... " "
Bradley, James................................... " "
Bradley, Peter................................... " "

HARDIN TOWNSHIP—Continued.

Bradley, Timothy..............................Windham P. O.
Brieston, Michael............................... "   "
Burnes, James.................................. "   " .
Beevens, John................................... "   "
Barry, Mrs. James.............................. "   "
Bower, Benjamin, (tenant)...................... "   "
Beck, Sarah,   "   .... "   "
Bressler, Michael, "   .... "   "
Butler, Thomas,   "   .... "   "
Bressler, Martin .... "   "

JEFFERSON TOWNSHIP.

Bawersax, James E...........................Sheueyville P. O.
Bawersax, William H............................ "   "
Bawersax, J. S.................................. "   "
Byss, Frank.................................... "   "
Barto, Victor.................................. "   "
Byss, Frank W.................................. "   "
Baylor, C. J................................... "   "
Boadeck, Frank................................. "   "
Bruen, Wesley.................................. "   "
Barnes, George W............................... "   "
Biskup, John F., (tenant)...................Sheueyville Town.
Baylor, William,   "   .... "   "
Bennish, Joseph ....

LIBERTY TOWNSHIP.

Bronson, Henderson..........................Iowa City P. O.
Bronson, James, (tenant)....................... "   "   "
Bock, John..................................... "   "   "
Bailey, Robert, (tenant)....................... "   "   "
Birrer, Martin ....Seventy-Eight P. O.
Birrer, George, (tenant)....................... "   "

LINCOLN TOWNSHIP.

Bowen, David................................Lone Tree P. O.
Bowen, Ira C................................... "   "   "
Briggs, A. Charles..........................Iowa City P. O.
Breed, Allen ....Downey P. O.
Beistline, Simeon.............................. "   "
Benedict, Sarah .... "   "

MADISON TOWNSHIP.

Babcock, O. G...............................Chase P. O.
Beasore, Baltz, (tenant)....................... "   "
Bystusky, John................................. "   "

MADISON TOWNSHIP—Continued.

Bealer, John, Jr., *(tenant)*...............North Liberty P. O.
Brant, John, Jr............................ "   "   "
Bowman, C. W............................. "   "   "
Brant, E. C............................... "   "   "
Bridenstine, James........................ "   "   "
Brown, Alexander S........................ "   "   "
Bell, Alexander........................... "   "   "
Bowman, J. C., *(tenant)*................. "   "   "
Boyce, William................................Tiffin P. O.

NEWPORT TOWNSHIP.

Barnes, Mrs...............................Iowa City P. O.
Baned, Francis............................ "   "   "
Bloom, Frederick.......................... "   "   "
Buckmire, Joseph.......................... "   "   "
Bachuster, Albert, *(tenant)*............. "   "   "
Berry, Henry N............................ "   "   "
Bowers, Francis........................... "   "   "
Barker, Mathias, *(poll)*................. "   "   "
Barachek, John,   "   .... "   "   "
Bucheister, John....*(tenant)*............ "   "   "
Bucheister, Charles,   " .... "   "   "
Bucheister, Albert,   " .... "   "   "
Brogan, John..................................Solon P. O.
Brogan, Malon............................. "   "
Brozachel, M.............................. "   "
Blaha, Francis............................ "   "
Bick, Henry...................................Newport P. O.
Barkeo, Josiah............................ "   "

OXFORD TOWNSHIP.

Black, T. H...................................Oxford P. O.
Bierline, Sophiah......................... "   "
Bierline, Louis........................... "   "
Barry, James.............................. "   "
Barry, Richard............................ "   "
Brant, Samuel............................. "   "
Brant, Peter.............................. "   "
Brennan, John............................. "   "
Brennan, Martin........................... "   "
Burk, Thomas.............................. "   "
Buck, John, *(tenant)*.................... "   "
Beard, Frank.............................. "   "

OXFORD TOWNSHIP—Continued.

Bireline, Sophia	Oxford P. O.
Brown, Joseph	" "
Britts, Julius, *(tenant)*	" "
Brandt, E., "	" "
Bunting, James	Oxford Town.
Butler, J. G., Merchant	" "
Brown, David	" "
Bell, Joseph	" "
Burk, Michael	" "
Burnell, C. K., Merchant	" "
Burk, Thomas	" "
Bosworth, A. F	" "
Black & Spangler, Grain Dealers	" "
Black, Spangler & Co., Groceries	" "
Bartholomew, G. A	" "
Buck, William	" "

PENN TOWNSHIP.

Bennett, Anthony	North Liberty P. O.
Bowman, Jacob C	" "
Bealer, E. J. C	" "
Beltz, Frederick	" "
Beltz, Sarah	" "
Bealer, John E., Sen	Town of North Liberty.
Bane, Robert A	" "
Bane, James W	" "
Boise, Peter	" "
Brady, Patrick	" "

PLEASANT VALLEY TOWNSHIP.

Bale, George W	Iowa City P. O.
Barnes, Albert, *(poll)*	" "
Butler, Thomas	" "
Barnes, Edward R	" "
Bader, Conrad	Morfordville P. O.
Butler, Eli	" "
Burge, Mary	" "
Burge, John I	Iowa City P. O.
Beall, Elizabeth	" "
Bluneck, Henry C	" "
Baker, Marion	" "
Burge, Mart	" "

SCOTT TOWNSHIP.

Bowers, Edward .... Oasis P. O.
Boyd, William H.................................. Iowa City P. O.
Boyland, Michael.............................. " " "
Bowen, Jesse..................................... " " "
Branson, Levi S.................................. " " "
Barnes, Almon................................... " " "
Beard, Jacob..................................... " " "
Bowen, Isaac..................................... " " "
Bradley, Smith................................... " " "
Bradley, Herman A............................... " " "
Bothel, Daniel................................... " " "
Beard, Benjamin, *(tenant)*..................... " " "
Bebb, Thomas D., *(poll)*....................... " " "
Bowen, William J., *(tenant)*................... " " "
Bebb, Sarah...................................... " " "
Barnes, F. D., *(tenant)*....................... " " "

SHARON TOWNSHIP.

Beck, David .... Amish P. O.
Biegler, John, *(tenant)*....................... " "
Beck, H. D., " .... " "
Brenneman, E. P................................. Frank Pierce P. O.
Butterbaugh, John............................... " " "
Bartz, William.................................. Sharon Center P. O.
Boon, George H.................................. " " "
Brenneman, Jacob................................ " " "
Butterbaugh, William............................ Middleburg P. O.
Beadle, Benjamin V., *(poll)*................... " "
Bender, John.................................... " "
Burkley, Frank.................................. " "
Bailey, Asa.................... River Side P. O., Washington County.
Bailey, John H.................. " " " " "
Bottcher, Charles............................... Iowa City P. O.
Bottcher, William............................... " " "
Baxtor, John.................................... " " "
Butterbaugh, Joseph............................. " " "
Beatchy, Elias.................................. " " "
Bayer, Lorence.................................. Bon Accord P. O.
Butterbaugh, Daniel............................. " " "
Byres, Thomas................................... " " "

UNION TOWNSHIP.

Brady, Thomas .... Iowa City P. O.
Breese, John.................................... " " "
Bragla, Bernard................................. " " "

UNION TOWNSHIP—Continued.

Breese, Edward .... Iowa City P. O.
Buck, August .... "   "   "
Burnes, John .... "   "   "
Buck, William F. .... Windham P. O.
Burnes, Michael .... "   "

WASHINGTON TOWNSHIP.

Biggs, Asa, *(tenant)* .... Frank Pierce P. O.
Biggs, Harrison .... "   "   "
Biggs, Cornelius .... "   "   "
Biggs, Philander, *(tenant)* .... "   "   "
Boon, Abner, *(poll)* .... Williamstown, Frank Pierce P. O.
Boon, Alvira .... "   "   "
Boon, Abigal .... "   "   "
Boon, William .... "   "   "
Bruhn, Peter L .... Frank Pierce P. O.
Bruhn, John L. .... "   "   "
Baker, Samuel J .... Amish P. O.
Brenneman, C. P .... "   "
Brenneman, Peter .... "   "
Brenneman, Joseph P., *(tenant)* .... "   "
Brenneman, Jacob P.,   " .... "   "
Brenneman, B. P.,   " .... "   "
Barnard, J. M. .... "   "
Boler, Jacob .... Richmond P. O., Washington County.
Boler, Frederic ....   "   "   "   "
Buckingham, John .... Frank Pierce P. O.
Beeney, Meeke D .... "   "   "
Brown, Alvin P., Jr .... "   "   "
Brown, A. P., Sen., *(tenant)* .... "   "   "
Brown, F. N.,   " .... "   "   "
Brown, M. D.,   " .... "   "   "
Bender, Christian, Jr., " .... "   "   "
Bender, Simon,   " .... "   "   "
Bender, Joseph E.,   " .... "   "   "
Bender, David, Jr. .... "   "   "
Bender, Joseph D .... "   "   "
Bonham, J. M. .... "   "   "
Brown, Henry M .... "   "   "
Brown, Philena .... "   "   "
Bunker, Mary .... "   "   "
Berky, Joseph .... "   "   "
Bevins, John .... Windham P. O.

WASHINGTON TOWNSHIP—Continued.

Bevin, M., *(tenant)*..................Windham P. O.
Bender, David........................... " "
Bair, J. L., *(tenant)*.................. " "
Britton, J. W........................... " "
Britton, William........................ " "
Britton, J. B........................... " "

LUCAS TOWNSHIP.

Berger, William.......................Iowa City P. O.
Burnett, Daniel......................... " " "
Burnett, Catharine...................... " " "
Birer, M................................ " " "
Barnes, John W.......................... " " "
Black, William.......................... " " "
Barton J. S., *(tenant)*................ " " "
Baker, Terry G.......................... " " "
Branstetler, Philip, *(tenant)*......... " " "
Baker, Harriett......................... " " "
Bowersock, M. A......................... " " "
Borland, G. F........................... " " "
Boye, Charles........................... " " "
Billingsly, William..................... " " "
Butter, Jack W.......................... " " "
Byington, Mary.......................... " " "
Byington, Le Grand...................... " " "
Byington, Robert W., *(poll)*........... " " "
Burnett, Charles B., *(tenant)*......... " " "
Bradley, A. W.,   "   .... " " "
Boss, Charles,   "   .... " " "
Boos, William,   "   .... " " "
Branstetler, Daniel,   "   .... " " "
Bruce, R. P.,   "   .... " " "
Bemouth, Joe.,   "   .... " " "
Bradley, H. W.,   "   .... " " "
Bradley, C. H., *(poll)*................ " " "
Bradley, James,   "   .... " " "
Billingsley, Ray,   "   .... " " "

TOWN OF CORALVILLE.

Basor, S. H., *(tenant)*..............Coralville P. O.
Bigsby, Q. E............................ " "
Bigsby, Edgar........................... " "
Bladgick, Wesley........................ " "
Boardman, George........................ " "

BIG GROVE TOWNSHIP.

Cannon, W. D.	Solon P. O.
Crain, Edwin L.	" "
Costello, Edward	" "
Costello, John	" "
Conklin, Demas	" "
Connolly, D. A.	" "
Clodgevo, Peter	" "
Conner, F. M.	" "
Corigan, Ann	" "
Corigan, Mark	" "
Chamberlin, J.	" "
Connolly, D. C.	Solon Town.
Crain, James A.	" "
Corigan, Mark, (tenant)	" "
Cabal, Joseph	" "
Caldwell, Eliza	" "
Caldwell, Reuben	Solon P. O.

CEDAR TOWNSHIP.

Chalfant, Bennett	Lisbon P. O., Linn County.
Crofter, James	Solon P. O.
Cabal, James	" "
Caldwell, Frank	" "
Collins, H. W.	" "
Caldwell, J. J.	" "
Clark, Loring	" "
Cavin, William, (tenant)	" "
Cambridge, James	" "
Chrisman, J. B.	Morse P. O.
Canfield, Mathias	" "

CLEAR CREEK TOWNSHIP.

Chapman, Orvill	Tiffin P. O.
Colony, Philip	" "
Cook, James	" "
Carson, John	" "
Craig, Edward	" "
Craig, Mary	" "
Colony, James D.	" "
Clark, Edgar, Jr.	" "
Carson, John and Nelson, Peter, (tenant)	" "
Colony, Charles, (tenant)	" "
Collins, David, Jr., "	" "

CLEAR CREEK TOWNSHIP—Continued.

Curray, Sarah	Tiffin Town.
Curray, Cornelius	" "
Clark, William L	North Liberty P. O.
Collins, David	Iowa City P. O.
Cunningham, Thomas	" " "

FREMONT TOWNSHIP.

Carpenter, Cyrl	Lone Tree P. O.
Corbet, Alexander	" " "
Cray, Jerry	" " "
Cray, Abraham	" " "
Crawford, Andrew	" " "
Carl, F. T	" " "
Carl, William	" " "
Carroll, Patrick, [poll]	" " "
Carraher, Michael, [tenant]	" " "
Clasen, William, [tenant]	" " "
Collins, Daniel, "	" " "
Coyle, Peter	River Junction P. O.
Catt, Charles, [tenant]	" " "
Catt, L. R., "	" " "
Corbit, Robert, "	" " "
Ciperly, George	" " "
Conway, J. B., (Merchant)	Lone Tree Town.
Constant, Henry	" " "
Coffey, C. O	" " "
Coffey, G. T	" " "
Carole, H. L., [poll]	" " "
Crane, William, [tenant]	" " "

GRAHAM TOWNSHIP.

Cordman, David	Morse P. O.
Carroll, Emmet	" "
Coulter, J. P	" "
Coulter, Elva	" "
Criumgan, Bernard, [poll]	" "
Crichtor, Ardubald, "	" "
Carter, Nathan, "	" "
Corderman, Solomon, [tenant]	" "
Calond, Joseph	Morse Town.
Crow, Thomas, [poll]	" "
Cozine, Samuel	Iowa City P. O.
Cozine, Jesse	" " "

GRAHAM TOWNSHIP—Continued.

Clark, Jane.....................................Iowa City P. O.
Clark, Jasper................................... " " "
Cowgill, Jeptha................................Oasis P. O.
Cochran, Mathew............................... " "
Cochran, William............................... " "
Clark, Robert N................................ " "
Carroll, John.................................. " "
Cree, James, [tenant].......................... " "

HARDIN TOWNSHIP.

Cellman, John..................................Oxford P. O.
Callagy, Dennis................................ " "
Collins, Cornelius, [tenant]................... " "
Curry, John, " .... " "
Curry, Thomas.................................. " "
Curry, James................................... " "
Condon, James.................................. " "
Corbbert, Daniel............................... " "
Cusack, Lawrance...............................Windham P. O.
Costello, John................................. " "
Cusack, John................................... " "
Curtis, Joseph................................. " "
Curtis, Palmer................................. " "
Coony, Michael................................. " "
Coony, John.................................... " "
Callagy, Owen T................................ " "
Campen, Richard, (tenant)...................... " "
Crow, Nathan................................... " "
Corceran, John, Estate......................... " "
Corceran, Thomas............................... " "

JEFFERSON TOWNSHIP.

Carse, Henry...................................Shueyville P. O.
Crowell, Mary.................................. " "
Curtes, A. M. T................................ " "
Chihak, Joseph................................. " "
Chostick, Joseph............................... " "
Calvin, David.................................. " "
Calvin, Theodore, (tenant)..................... " "
Combs, Marquis................................. " "
Combs, Thomas W................................ " "

LIBERTY TOWNSHIP.

Conlon, Edward................................Bon Accord P. O.
Conlon, J. H., (tenant)......................   "   "   "
Conrad, Charles S............................   "   "   "
Cline Henry ....South Liberty,   "   "   "
Cline, M. B................Riverside P. O., Washington County.
Cline, M. L., (tenant).......   "   "   "   "
Carigan, James, (tenant).....................Iowa City P. O.

LINCOLN TOWNSHIP.

Cherry, Ames R...............................Iowa City P. O.
Cherney, George ....Lone Tree P. O.
Crawford, William............................   "   "   "
Crawford, Hugh ....   "   "   "
Conover, Charles W.............Downey P. O., Cedar County.
Clemmish, Michael............   "   "   "   "
Clemmish, Thomas, (tenant)...   "   "   "   "
Carl, Mrs. J. W..............................Lone Tree P. O.

MADISON TOWNSHIP.

Chamberlin, James......................North Liberty P. O.
Chamberlin, L. E.............................   "   "   "
Chamberlin, Catherine........................   "   "   "
Contsky, Peter, [poll].....................   "   "   "
Cropley, James ....Tiffin P. O.
Corothers, John, [tenant]....................   "   "
Chaney, Benjamin, (tenant)...................Chase P. O.
Curtis, Edward, (poll).......................   "   "

MONROE TOWNSHIP.

Carr, George W ....Danforth P. O.
Carr, James M................................   "   "
Cherveny, John ....   "   "
Cherney, Joseph..............................   "   "
Cloud, J. R ....   "   "
Cloud, Samuel ....   "   "
Cardwell, P. P ....   "   "
Chlod, Joseph................................   "   "
Cardwell, James, [tenant]....................   "   "
Cloud, Frank.................................   "   "
Chaka, Wesley................................   "   "
Cekora, Anton ....   "   "
Cherendy, Wesley ....   "   "
Chadima, George..............................   "   "
Cotrell, Joseph................Amana P. O., Iowa County.
Chuel, Vincent.................Western P. O., Linn County.

NEWPORT TOWNSHIP.

Campion, P .... Iowa City P. O.
Cisner, Martin .... "   "   "
Clark, Philip .... "   "   "
Cisne, Stephen .... "   "   "
Calhound, David .... "   "   "
Carter, Mary .... "   "   "
Cuchichele, John, [tenant] .... "   "   "
Clifton, Albert,   "   .... "   "   "
Capland, Frank, [poll] .... "   "   "
Carter, Thomas,   "   .... "   "   "
Cabatha, Joseph,   "   .... "   "   "
Caboloska, John,   "   .... "   "   "
Cisne, Henry, (tenant) .... Newport P. O.

OXFORD TOWNSHIP.

Conner, Patrick .... Oxford P. O.
Colter, W. H .... "   "
Crosson, John .... "   "
Clear, Martin .... "   "
Clodfelter, David .... "   "
Colter, Thomas .... "   "
Clearman, A. R .... "   "
Comb, Thomas .... "   "
Cox, Michael .... "   "
Cahill, James .... "   "
Cook, Emanuel, [tenant] .... "   "
Coats, David,   "   .... "   "
Coats, D. S.,   "   .... "   "
Campbell, Alexander .... "   "
Clear, William .... "   "
Casey, Michael, (tenant) .... Oxford Town.
Christie, John .... "   "
Collins, James .... "   "
Cunningham, E .... "   "
Cook, H. A .... "   "
Cook, Mary H .... "   "
Conway, Michael .... "   "

PENN TOWNSHIP.

Crozier, David, Estate .... North Liberty P. O.
Cogland, Joseph .... "   "   "
Chilak, Joseph .... "   "   "
Crozier, Thomas .... "   "   "
Cunningham, John, [tenant] .... "   "   "

PENN TOWNSHIP—Continued.

Crozier, Rosia............................North Liberty P. O.
Clark, Robert.............................Iowa City P. O.
Clark, Robert B...........................   "   "   "
Cutchall, William.........................   "   "   "
Clark, John...............................   "   "   "

PLEASANT VALLEY TOWNSHIP.

Clear, William............................Iowa City P. O.
Cray, John................................   "   "   "
Cherry, James, (tenant)...................   "   "   "
Curtis, L. E. and Calvin..................   "   "   "
Crowley, Timothy..........................   "   "   "

SCOTT TOWNSHIP.

Coffee, Isaac, Estate..........West Branch P. O., Cedar County.
Coffee, Charles W............   "   "   "   "   "
Crosland, John...............   "   "   "   "   "
Cowgill, Henry...............   "   "   "   "   "
Connell, Thomas...........................Iowa City P. O.
Cozine, Jesse J...........................   "   "   "
Clifford, C. E............................   "   "   "
Cawley, Owen..............................   "   "   "
Cuneen, John P............................   "   "   "
Cook, Sarah...............................   "   "   "
Cook, Dinah...............................   "   "   "

SHARON TOWNSHIP.

Clark, James..............................Frank Pierce P. O.
Cupp, W. E................................Bon Accord P. O.
Cupp, Samuel, (tenant)....................   "   "   "

UNION TOWNSHIP.

Custar, Paul..............................Iowa City P. O.
Cox, Jacob................................   "   "   "
Carson, S. D ....   "   "   "
Carson, M. H..............................   "   "   "
Carson, A. C..............................   "   "   "
Custer, A. B., [tenant]...................   "   "   "
Clearman, S. B............................   "   "   "
Custer, Sela, [tenant] ....   "   "   "
Cox, Caroline.............................Windham P. O.

WASHINGTON TOWNSHIP.

Chandler, Thomas R ....Frank Pierce P. O.
Chandler, Charles .... " " "
Crosby, Eddy..................Williamstown, " " "
Cross, Israel .... " " "
Chandler, Lewis, [tenant].........................Amish P. O.
Chandler, Rachael.............................. " "
Clevenger, Margaret........................... " "
Clark, D. W.. " "

LUCAS TOWNSHIP.

Chandler, Mary..............................Iowa City P. O.
Cear, Mark................................. " " "
Crawford, Daniel............................. " " "
Corrigan, Thomas............................. " " "
Cox, Charles B............................... " " "
Cox, David B................................. " " "
Collins, John................................. " " "
Crowley, Edward............................. " " "
Cartwright, Charles........................... " " "
Calvin, Samuel............................... " " "
Collins, Edward, [tenant]...................... " " "
Close, Jacob, " .... " " "
Cummins, Henry, " .... " " "
Cottrell, S. J., [poll] .... " " "
Clark, Geo. B., " .... " " "
Cox, Thomas, [tenant]........................ " " "
Carwin, R. A., " .... " " "
Crane, John G............................... " " "
Clark, Nanie Y............................... " " "
Clark, George W............................. " " "

TOWN OF CORALVILLE.

Chadrick, Edward........................Coralville P. O.
Close, M. T., Jr.............................. " "
Carson, Charles, [tenant]........................ " "
Curry, J. M................................... " "
Curry, Melvin................................. " "
Calahan, Patrick, [tenant]..................... " "
Cramer, David, " .... " "
Curry, Thomas................................ " "
Clark, John W..........................Iowa City P. O.

BIG GROVE TOWNSHIP.

Dennis, Benjamin.....................Solon P. O.
Dolazel, Wenzel........................ "   "
Dolazel, Anna.......................... "   "
Devault, Stodard....................... "   "
Devault, Jasper N. (tenant.)............ "   "
Doser, Joseph.......................... "   "
Devault, Charles....................... "   "
Devault, Charles, Jr. (tenant.)......... "   "
Day, Dualey............................ "   "
Denman, L. D........................... "   "
Dennis, Leander, (tenant.)............. "   "
Duel, Joseph...........................Solon Town.
Dana, Henry............................ "   "
Duel, Philip........................... "   "
Devenport, Lewis....................... "   "

CEDAR TOWNSHIP.

Dickey, Eli........................Lisbon P. O., Linn County.
Dolan, Josiah...................... "   "   "   "
Drabek, Joseph.....................Solon P. O.
Drabek, Anton...................... "   "
Decamp, John....................... "   "
Douglass, James.................... "   "
Douglass, John..................... "   "
Drabek, James, (tenant)............ "   "
Dlohe, Joseph,   "............... "   "
Donavan, Patrick...................Morse P. O.
Dwire, Michael..................... "   "
Dickinson, Joseph.................. "   "

CLEAR CREEK TOWNSHIP.

Dennis, Bryan......................Tiffin P. O.
Dennison, George................... "   "
Drake, Malon A., (tenant).......... "   "
Davis, Ellis,   "............... "   "
Dennison, C. Riley, ".............. "   "
Douglass, J. M..................... "   "
Dicus, James, (tenant)............. "   "
Douglass, Sarah.................... "   "

FREMONT TOWNSHIP.

Drabaugh, Abram....................River Junction P. O.
Drabaugh, David.................... "   "   "
Drabaugh, Amanda................... "   "   "
Drabaugh, Joseph...................Lone Tree P. O.

FREMONT TOWNSHIP—Continued.

Drabaugh, George W.............................Lone Tree P. O.
Drabaugh, William H........................... "   "   "
Donham, Isaac, J............................... "   "   "
Draper, David.................................. "   "   "
Daily, Michael................................. "   "   "
Darres, John R................................. "   "   "
Doers, John.................................... "   "   "
Devoe, S. J.................................... "   "   "
Donham, David, (tenant)........................ "   "   "
Davis, E....................................... "   "   "
Davis, D. P.................................... "   "   "
Donham, L. E., (tenant)........................ "   "   "
Demars, Joseph,   "   "   "   "
Devorsky, J. H................................. "   "   "
Dimmick, F. H..................................Lone Tree Town
Dimmick, John.................................. "   "   "
Dick, P. R..................................... "   "   "
Doolittle, A................................... "   "   "
Dimmick & Olds, (Lumber)....................... "   "   "

GRAHAM TOWNSHIP.

Donahoe, Michael...............................Morse P. O.
Donahoe, Patrick............................... "   "
Dinglebery, Charles............................ "   "
Donavan, Patrick............................... "   "
Denson, Ann.................................... "   "
Dixon, David M.................................Oasis P. O.
Douglass, J. L................................. "   "
Demory, Mrs. John, Sr.......................... "   "
Demory, Frank, (poll).......................... "   "
Demory, Pressilla.............................. "   "
Donavan, Michael............................... "   "

HARDIN TOWNSHIP.

Ditto, Andrew..................................Oxford P. O.
Donavan, Michael............................... "   "
Davis, Dr. J. W................................Town, Windham P. O.
Dunlap, Albert................................. "   "   "
Dansdill, George............................... "   "   "
Dansdill, John................................. "   "   "
Dansdill, William M., [tenant]................. "   "   "
Doty, Abraham,   "   "   "   "
Deal, Albert,.................................. "   "   "
Deal, Jerry, (poll)............................ "   "   "
Deal, George, "   "   "   "

JEFFERSON TOWNSHIP.

Drozarka, Frank...........................Shueyville P. O.
Durachek, Joseph........................... " "
Dean, Samuel W............................ " "
Detrit, Frank.............................. " "
Dean, John W............................. " "
Dean, Thomas, [poll]...................... " "
Davis, George E........................... " "
Dlohy, Wesley............................. " "
Dow, John or Doras....................... " "
Dwarza, Frank............................ " "
Dwozark, Joseph.......................... " "
Duduck, Joseph........................... " "
Donahuh, Joseph W....................... " "
Dunahugh, John W........................ " "
Dudeck, Frank............................ " "

LIBERTY TOWNSHIP.

Debrie, Frederick........................Seventy-Eight P. O.
Debrie, Perry............................. " " "
Debrie, Amale............................ " " "
Debrie, George, Estate................... " " "
Dagenhart, Balthazer....................Bon Accord P. O.
Dool, Michael.............Riverside P. O., Washington County.
Ditch, Anthony............ " " " "
Drobl, Charles............ " " " "

LINCOLN TOWNSHIP.

Detwiler, Anthony N......................Iowa City P. O.
Dodd, William............................ " " "
Dilatash, John...................Downey P. O., Cedar County.

MADISON TOWNSHIP.

Devishek, Frank...........................Chase P. O.
Dennis, Gustavus......................... " "
Devishek, Frank, Jr., (poll).............. " "
Dote, Christian..........................Tiffin P. O.

MONROE TOWNSHIP.

Dorrak, Stephen...............Western P. O., Linn County.
Dolozol, Joseph..........................Danforth P. O.
Devautt, Jonathan........................ " "
Dusil, John............................... " "
Dostal, John.............................. " "
Dolozol, John............................. " "

MONROE TOWNSHIP—Continued.

Dupont, J. H.................................Amana P. O.
Dubisher, Joseph..........................   "   "
Dubisher, Nicholas........................   "   "
Dupont, J. H. and Nathan.................   "   "
Dlohe, Sophiah............................   "   "

NEWPORT TOWNSHIP.

Denman, Eli.................................Newport P. O.
Dewaskay, John............................   "   "
Dewaskay, Frank...........................   "   "
Donavan P..................................Iowa City P. O.
Dohren, John..............................   "   "   "
Dewosky, Frank............................   "   "   "
Dvorsky, Mathis, [poll]...................   "   "   "
Dochek, Thomas,   "   ....   "   "   "

OXFORD TOWNSHIP.

Doty, John..................................Oxford P. O.
Doty, Lewis................................   "   "
Downey, Dennis............................   "   "
Douglass, David............................   "   "
Douglass, William..........................   "   "
Donahoe, John.............................   "   "
Delaney, John..............................   "   "
Douglass, Fanny...........................   "   "
Donham, T. R..............................   "   "
Ditto, John.................................   "   "
Dickson, John R...........................   "   "
Dutch, F....................................   "   "
Dutch, W. D................................   "   "
Dworack, Frank............................   "   "
Douglass, Joseph..........................   "   "
Dworak, Frank, Jr..........................   "   "
Ditto, John.................................Oxford Town.
Douglass, C................................   "   "
Douglass, John............................   "   "
Doty, E. A..................................   "   "
Doty, Charles..............................   "   "
Douglass, John H., Furniture..............   "   "
Douglass, George..........................   "   "
Dinwidey, William, Hotel..................   "   "
Doty & Ward, Druggists...................   "   "
Douglass, Joseph E........................   "   "
Ditto, Sammons, Elevator..................   "   "

PENN TOWNSHIP.

Dennison, Joseph B	North Liberty P. O.
Doil, Michael	" " "
Doner, Daniel	" " "
Doscoril, Frank	" " "
De Lier, Peter	Coralville P. O.
Davis, Robert	Iowa City P. O.

PLEASANT VALLEY TOWNSHIP.

Dryden, John, Estate	Iowa City P. O.
Dimick, John J	" " "
Decker, Jeremiah P., [tenant]	" " "
Douglass, John, "	" " "
Dimick, Hiram, "	" " "
Duke, H. W	" " "
Danner, F. M	" " "
Delamater, Margaret	Morfordsville P. O.

SCOTT TOWNSHIP.

Downs, John H	Downey P. O., Cedar County.
Dewey, Thomas, [tenant]	" " " "
Douglass, George B	Iowa City P. O.
Dillie, Louis B	" " "
Detwiler, Christian	" " "
Detwiler, Ezra, [tenant]	" " "

SHARON TOWNSHIP.

Deardruff, Charles, [tenant]	Amish P. O.
Davis, George W., "	" "
Davis, Thomas D	Iowa City P. O.
Davis, William J	" " "
Davis, Richard, (poll)	" " "
Durst, Jacob	Middleburg P. O., Washington County.
Dolen, Michael, (poll)	Bon Accord P. O.

UNION TOWNSHIP.

Davis, Robert	Iowa City P. O.
Davis, Thomas R	" " "
Davis, John, [tenant]	" " "
Decleman, Conrad	Windham P. O.
Davenport, John M., [tenant]	" "
Dorsey, C. B., "	" "

WASHINGTON TOWNSHIP.

Danson, Smith.....................................Amish P. O.
Danson, Joseph................................. " "
De France, Lafayette.......................Frank Pierce P. O.
Dunlap, Mary E............Williamstown, " " "
Dunlap, Albert.............. " " " " "

LUCAS TOWNSHIP.

Doherty, Benard............................Iowa City P. O.
Dennis, David............................ " " "
Dennis, George F......................... " " "
Dennis, Isaac V........................... " " "
Denton, Robert........................... " " "
Denton, Oliver, [poll]..................... " " "
Dolton, Peter............................. " " "
Dolton, William, [poll].................... " " "
Dolton, Thomas, " .... " " "
Denison, A. C............................ " " "
Denison, G. A., [tenant].................. " " "
Dennis, Lowell, [poll].................... " " "
Doherty, Bernard, " .... " " "
Davis, Albert, [tenant]................... " " "
Davis, Enoch, [poll]...................... " " "
Davis, F. H., " .... " " "

TOWN OF CORALVILLE.

Davis, John....................................Coralville P. O.
Davis, A. W............................. " "
Doyal, James, [tenant].................... " "

BIG GROVE TOWNSHIP.

Eppenbach, Christian.......................Solan P. O.
Ennek, Wenzel............................ " "
Ennek, Joseph............................ " "
Eddy, Caleb.............................. " "
Egermyer, Elizabeth........................Solon Town.

CEDAR TOWNSHIP.

Eason, Alexander..........................Solon P. O.
Ellson, Sarah..............................Morse P. O.
Ellson, John............................. " "
Ellson, John, Jr......................... " "

CLEAR CREEK TOWNSHIP.

Eagan, Thomas.............................Tiffin P. O.

FREMONT TOWNSHIP.

Eden, Charles..................................River Junction P. O.
Eden, William, [tenant]....................   "   "   "
Edmonds, Giles...............................   "   "   "
Evavans, Isaac...............................   "   "   "
Eliott, William..............................   "   "   "
Erbb, Jacob H................................   "   "   "
Evans, James L..............................Lone Tree Town.
Evans, Chilas & Co., Grain Dealers.........   "   "   "

GRAHAM TOWNSHIP.

Eichhorn, Adam................................Oasis P. O.
Eichhorn, Edward, [poll].....................   "   "
Eichhorn, Martin, [tenant]...................   "   "
Evans, David,   "   "   "
Eggenberg, John, [poll]......................   "   "
Edwards, John, [tenant]......................Morse P. O.
Elliott, M. B.,   "   "   "
Elliott, J. B., [poll].......................   "   "
Erving, Ella.................................Morse Town.
Edwards, Thomas..............................Morse P. O.
Ernst, William...............................Iowa City P. O.

HARDIN TOWNSHIP.

Eagan, Thomas................................Oxford P. O.
Elliott, C. M................................   "   "
Eckry, John..................................   "   "
Eddy, Allen J., [tenant].....................   " .   "

JEFFERSON TOWNSHIP.

Erontek, Frank...............................Shueyville P. O.
Evans, John H., [tenant].....................   "   "

LIBERTY TOWNSHIP.

Emmons, William H............................Iowa City P. O.
Earhart, Henry...............................   "   "   "
Englebert, John..............................   "   "   "
Emmons, Joshua...............................Seventy-Eight P. O.
Emmons, Isaac M., [tenant]...................   "   "   "

LINCOLN TOWNSHIP.

Euck, Henry..................................Iowa City P. O.

MONROE TOWNSHIP.

Eliosh, Tobias......................................Danforth P. O.
Eirsall, Frank, [tenant]........................ " "
Espander, John..................................... " "
Erlick, Wesley...................................... " "
Eirousek, John.....................Amana P. O., Iowa County.

NEWPORT TOWNSHIP.

Eason, Alexander E............................Newport P. O.
Eavens, Walter J................................. " "
Eavens, Wesley, [tenant]...................... " "
Eavens, James, " .... " "
Eavens, Nancy.................................... " "
Eason, Mary....................................... " "
Entriken, Joseph, [tenant].................... " "
Einig, Michael, " .... " "
Eavens, W. N...................................Iowa City P. O.
Egenberger, John................................ " " "
Egenberger, John, Jr., [poll].................. " " "

OXFORD TOWNSHIP.

Edwards, W. S...................................Oxford P. O.
Edwards, John L................................ " "
Eddy, Wm... " "
Emory, C. L....................................... " "
Ellwards, John L................................. " "
Elliott, John,..................................... " "
English, F. N..................................... " "
Edwards, John, (poll)........................... " "
Esterbrook, C. D...............................Oxford Town
Esterbrook, C. F................................. " "
Elliott, Rebecca................................. " "

PENN TOWNSHIP.

Ebertz, Peter..................................North Liberty P. O.
Elwood, Edward................................. " " "
Elenbarger, Wm................................. " " "
Eastland, Burtis................................ " " "

PLEASANT VALLEY TOWNSHIP.

Emmons, Wm..............................River Junction P. O.
Emmons, Joshua E.............................. " " "
Emmons, John.................................... " " "

SCOTT TOWNSHIP.

Elbert, Mary, ... Iowa City P. O.
Elbert, Wm., *(poll)* .... " " "

SHARON TOWNSHIP.

Eash, Isaac .... Sharon Center P. O.
Emmons, Geo. W .... Middleburg P. O., Washington County.
Enfield, Samuel .... " " " "
Edwards, Wm .... Iowa City P. O.
Edwards, E .... " " "
Evens, Henry, *(tenant)* .... " " "
Eisinhofer, Joseph, *(poll)* .... " " "
Edel, Joseph. .... Bon Accord P. O.
Enfield, Wm .... " " "
Enfield, Conrad, *(poll)* .... " " "
Edel, Thomas, *(tenant)* .... " " "

UNION TOWNSHIP.

Echrich, J. G .... Unity P. O.
Everett, W. G .... " "
Ensminger, Jacob .... Iowa City P. O.
Edwards, H. E .... " " "
Evans, Morgan L., *(tenant)* .... " " "

WASHINGTON TOWNSHIP.

Emde, William .... Amish P. O.
Eash, Jonathan, *(tenant)* .... " "
Eash, Elizabeth .... " "
Eash, Henry .... " "

LUCAS TOWNSHIP.

Englert, Clara .... Iowa City. P. O.
Evans, R. R .... " " "
Egerton, Philip, *(poll)* .... " " "
Evans, W. D., " .... " " "
Evans, Miles, " .... " " "
Egerton, William .... " " "
Elliott, Maurice, *(tenant)* .... " " "
Evans, Wm. N., " .... " " "

TOWN OF CORALVILLE.

Evans, George .... Coralville P. O.

BIG GROVE TOWNSHIP.

Fackler, Samuel, Sr...................................Solon P. O.
Fuhren, Ulrick... "   "
Fuhrmester, F. W... "   "
Freeman, Michael.. "   "
Fimon, Anthony, (tenant)................................. "   "
Fimon, John,   "   .... "   "
Fuhrmester, Henry......................Ely P. O., Linn County.
Fackler, Martin.................... "   "   "   "
Feyerabend, John................... "   "   "   "
Fuhrmester, C. G................... "   "   "   "
Fackler, W. M. B................... "   "   "   "

CEDAR TOWNSHIP.

Fiella, John, Jr...................................Solon P. O.
Fiella, John, Sr... "   "
Fiella, Joseph... "   "
Ford, Michael, [tenant].............................Morse P. O.
Fowler, James.........................Lisbon P. O., Linn County.

CLEAR CREEK TOWNSHIP.

Folker, John..Tiffin P. O.
Flemming, David.. "   "
Fisher, John B., (tenant)................................ "   "
Fitzgerald, John,   "   .... "   "
Fackler, Wesley,   "   .... "   "

FREMONT TOWNSHIP.

France, James....................................Lone Tree P. O.
France, John............................. "   "   "
Fisher, Joseph........................... "   "   "
Farnham, Silas........................... "   "   "
Flake, Amos, (tenant).................... "   "   "
Flake, James,   "   .... "   "   "
Faulkner, N. R., (poll).................. "   "   "
France, Andrew, "   ....Lone Tree Town.
Fountain, Wm.....................................River Junction P. O.
Fountain, Eli, (tenant)........... "   "   "

GRAHAM TOWNSHIP.

Fitzgerald, Maurice................................Morse P. O.
Finefield, Frederich..............................Morse Town.
Forewald, Mary..................................Iowa City P. O.
Fuller, L. C............................. "   "   "
Forester, Thomas...................................Oasis P. O.
Freer, S. C.............................. "   "

HARDIN TOWNSHIP.

Flannery, Malach	Windham P. O.
Flannery, Patrick	" "
Frank, Elizabeth	" "
Ferson, Eliza	" "
Ferson, Bradford	" "
Fiehely, James	" "

JEFFERSON TOWNSHIP.

Frazee, Joseph	Shueyville P. O.
Fibiker, Joseph	" "
Fibiker, Enos	" "
Fitzimons, James	Shueyville Town.
Fordyce, J. R.	" "

LIBERTY TOWNSHIP.

Fisher, Frederick	Bon Accord P. O.
Figg, Wm. L.	" "
Frank, Peter	" "
Fesler, Samuel	Seventy-Eight P. O.
Fattig, Nicholas	" "
Forbs, Duncan	" "
Fesler, George W., (poll)	" "
Fesler, Peter, "	" "
Fattig, W. H., "	" "
Fesler, Jacob H., (tenant)	" "
Felman, Jacob	" "
Forbs, Arthur	" "
Fesler, John	River Side P. O., Washington County.
Fesler, L. S. W., (tenant)	" " " "
Fesler, M. G., " ... " " "	" "

LINCOLN TOWNSHIP.

Fuhr, George	Lone Tree P. O.
Freyermuth, Peter	" "
Fisher, Jacob F.	Iowa City P. O.

MADISON TOWNSHIP.

Files, J. Monroe	Chase P. O.
Files, W. Sherman	" "
Franklin, Herman, (tenant)	" "
Fesler, John, "	" "

MONROE TOWNSHIP.

Farlow, Joseph	Danforth P. O.
Fagg, James	" "
Fowler, David H	" "
Fowler, Frank F	" "
Flint, J. L	" "

NEWPORT TOWNSHIP.

Fuhermaster, F., Jr	Iowa City P. O.
Frus, Frank	Newport P. O.

OXFORD TOWNSHIP.

Floerchinger, George	Oxford P. O.
Floerchinger, Jacob	" "
Ford, Thornton	" "
Fitzgerald, Patrick	" "
Falls, Patrick	" "
Frazer, G. Martin	" "
Foster, C. A	" "
Frees, John	" "
Floerchinger, Casper	" "
Fall, James	" "
Floerchinger, F. J	" "
Fisher, John	Oxford Town.
Fay, Andrew	" "
Falls, James	" "
Frost & Doty, Druggists	" "
Frost, C. E	" "
Frees, John, Jr	" "
Ferguson, Mary A	" "
Ferguson, John	" "
Flanagan, Pat	" "
Floerchinger, F. A	" "
Floerchinger, Helena	" "
Floerchinger, John	" "
Fernstrohm, Chas. A	" "

PLEASANT VALLEY TOWNSHIP.

Fountain, Andrew	River Junction P. O.
Fountain, Emsley	" " "
Fountain, Isaac	" " "
Fountain, John, Jr	" " "
Farley, Jackson, (tenant)	" " "
Fisher, Franklin	" " "
Fury, Hiram	" " "
Fountain, David	" " "

SCOTT TOWNSHIP.

Fairall, Charles ....West Branch, Cedar Co.
Fisher, Wm..Iowa City P. O.
Fitzpatrick, Mathew............................   "   "   "
Fawcett, Thomas ....   "   "   "
Fawcett, Thomas H., (tenant)...................   "   "   "

SHARON TOWNSHIP.

Ford, Wm. B.........................Riverside, Washington Co.
Ford, A. S., (tenant)..................   "   "   "
Faut, Andrew, " ....Amish P. O.
Frank, John, " ....   "   "
Frank, John Peter.........................Bon Accord P. O.
Frank, John H................................   "   "   "

UNION TOWNSHIP.

Fenton, E. W....................................Iowa City P. O.
Faust, S. J....................................   "   "   "
Fairchilds, Timothy............................   "   "   "
Fee, Mary.......................................Unity P. O.
Fee, Philip....................................   "   "
Forney, Charles................................   "   "

WASHINGTON TOWNSHIP.

Fry John ....Frank Pierce P. O.
Fry, Elias................. Williamstown, "   "   "
Faulk, Herman...............   "   "   "   "
Fry, Wm. H .... "   "   "
Fry, Geo. W .... "   "   "
Fisher, Marshall, tenant)................. "   "   "
Floy, John,   "   .... "   "   "
Ford, G. W.,   "   ....Amish P. O.
Faulk, Christian ....Frank Pierce P. O.
Fisher, Henry.............................. "   "   "
Frederick, Stephen......................... "   "   "
Fry, Jacob A...............................Windham P. O.
Fisher, John, Jr...........................Amish P. O.
Fisher, Joseph J ....   "   "
Fenstemaker, A.............................   "   "
Fisher, Elizabeth..........................   "   "

LUCAS TOWNSHIP.

Fogle, Valentine..............................Iowa City P. O.
Fletcher, G. F................................   "   "   "
Fletcher, Alder...............................   "   "   "
Fairall, S. H.................................   "   "   "

LUCAS TOWNSHIP—Continued.

Fountain, Andrew	Iowa City P. O.
Fitzgerald, James	" " "
Folsom, James, (tenant)	" " "
Fisher, E. B. "	" " "
Fogle, Philip "	" " "
Figg, Wm. F., "	" " "
Fry, Samuel P.. "	" " "
Fairall, W. W., "	" " "
Fogle, Philip	" " "
Folsom, Arthur, (poll)	" " "
Figg, John, "	" " "

TOWN OF CORALVILLE.

Francis, Charles, (tenant)	Coralville P. O.
Fackler, Ira, "	" "
Francis, Orren, [poll]	" "
Fike, Reuben "	" "
Fackler, G. W., "	" "
Fobs W. A	" "
Folk, John	" "
Francis, Anna	" "

BIG GROVE TOWNSHIP.

Gobin, Jacob S	Solon P. O.
Gates, Joseph, (tenant)	" "
Gates, Daniel	" "
Gress, Palser	" "
Gater, Wendel	Ely P. O., Linn County.

CEDAR TOWNSHIP.

Galvin, Thomas	Morse P. O.
Galvin, James	" "
Griswold, Sophina	Solon P. O.
Glancy, Edward, (tenant)	Lisbon P. O., Linn County.
Glancy, Thomas	" " " "

CLEAR CREEK TOWNSHIP.

Gossenberger, Christopher	Tiffin P. O.
Graham, W. J., (tenant)	" "
Gidding, Charles, "	" "
Gouf, Richards, "	" "
Genlink, Charles, "	" "
Gidding, George, "	" "
Gosage, Geo. R., "	" "

FREMONT TOWNSHIP.

Guthry, John..................................Lone Tree P. O.
Guthrie, Moses, Sen., (tenant)...................Shoo Fly P. O.
Guthrie, Moses, Jr.,   "   ....   "   "   "
Gilhyson & Brother,   "   ....   "   "   "
Graves, Alexander.............................   "   "   "
Green, John, (tenant)......................River Junction P. O.

GRAHAM TOWNSHIP.

Gardner, Geo. W..............................Morse P. O.
Galvin, James.................................   "   "
Galvin, Patrick................................   "   "
Graham, Albert W., (poll)......................   "   "
Garvin, T. M.................................Oasis P. O.
Graham, Alex. H..............................   "   "
Gardner, J. W...............................Iowa City P. O.

HARDIN TOWNSHIP.

Griffens, James, Sen........................Windham, P. O.
Griffens, John.................................   "   "
Griffens, Thomas...............................   "   "
Griffens, James, Jr., (tenant)...................   "   "
Griffens, Michael,   "   ....   "   "
Graham, John..............................Windham Town.
Graham, G. W...............................   "   "
Gibbons, Bridget............................Oxford P. O.

JEFFERSON TOWNSHIP.

Graham, Thomas...........................Shueyville P. O.
Graham, J. W................................   "   "
Goforth, Zepinah.............................   "   "
Gorety, Wendal..............................   "   "

LIBERTY TOWNSHIP.

Gross, Vincent............................Bon Accord P. O.
Gross, Gregory...............................   "   "   "
Gross, Vincent, Jr., (poll).....................   "   "   "
Gelhouse, Benedict.............Riverside P. O., Washington Co.
Gelaspy, John.............................Iowa City P. O.

LINCOLN TOWNSHIP.

Gorty, Close, (tenant)...................Downey P. O., Cedar Co.

MADISON TOWNSHIP.

Green, John	North Liberty P. O.
Gutshall, Joseph	" " "
Green, John, W., *tenant*	" " "
Green, Dan. W., "	" " "
Green, David W., "	Chase P. O.
Gutshall, Wesley	North Liberty P. O.
Gilliland, James, (blind)	" " "
Grace, Wm	" " "
Gould, John	Chase P. O.
Gillett, Joseph	" "
Gould, David	" "
Gould, William	" "
Gould, James	" "
Grebin, Christ	" "
Gustin, J. B. F	" "
Garvin, James	" "
Gardner, John W	Green Castle, Chase P. O.

MONROE TOWNSHIP.

Geeslin, John Jr	Danforth P. O.
Goss, Abraham	" "
Goss, G. W	" "
Garrison, Thomas, *(tenant)*	" "
Goss, Moses, "	" "
Garrison, Albert, [*poll*]	" "

NEWPORT TOWNSHIP.

Gaymond, Charles	Solon P. O.
Gray, James	" "
Gaymon, O. K	" "
Gartner, J. P	Iowa City P. O.
Glessinger, Michael	" " "
Geary, Riley	" " "
Gray, Isaac, [*tenant*]	Newport P. O.

OXFORD TOWNSHIP.

Geigenheimer, C	Oxford P. O.
Gould, Henry,	" "
Grabran, Henry	" "
Grabran, Charles	" "
Grabran, William	" "
Graham, Patrick	" "
Gunsenhanmer, Peter	" "
Gilroy, Patrick	" "

OXFORD TOWNSHIP—Continued.

Gossenberger, Chris..................Oxford P. O.
Graner, Jacob........................ " "
Gegenhimer, Henry.................... " "
Gilroy, M...........................Tiffin P. O.
Gunther, C. F.......................Oxford Town.
Graham, W. James.................... " "
Gould, Wm. M........................ " "

PENN TOWNSHIP.

Geddes, John, (*tenant*)..............North Liberty P. O.
Gabath, Charles..................... " " "
George, Jacob....................... " " "
Green, Wm.......................... " " "
Green, Samuel, Sr................... " " "
Green, Samuel, Jr................... " " "
George, Martin, Estate.............. " " "
Grover, Francis.....................Iowa City P. O.

PLEASANT VALLEY TOWNSHIP.

Graham, F. S.......................Iowa City P. O.
Gaunt, Wm..........................Morfordsville P. O.
Gaunt, Samuel...................... " "
Gorman, James...................... " "
Gorman, John....................... " "
Green, E. B........................Morfordsville Town.

SCOTT TOWNSHIP.

Graham, Benjamin...................Iowa City P. O.
Graham, Robert..................... " " "
Galeitze, John..................... " " "
Graham, James, (*tenant*).......... " " "
Howey, O. J.,   "   .... " " "
Galeitze, Valentine, (*tenant*).... " " "
Gardner, W. W...................... " " "
Galeitze, John, Jr................. " " "
Gibson, Adaline.................... " " "

SHARON TOWNSHIP.

Gingerish, J. P....................Sharon Center P. O.
Graves, Wm......................... " " "
Grout, Zenas.......................Bon Accord P. O.
Guffin, J. B. F.................... " " "
Grout, Loran, (*tenant*)........... " " "

SHARON TOWNSHIP—Continued.

Gingerich, John..........Middleburg P. O., Washington County.
Gingerich, J. C............   "   "   "   "
Graham, Porter, (tenant)..   "   "   "   "
Gross, J. M.,   "   ....Amish P. O.
Gross, Elender   "   ....   "   "
Gunder, John   "   ....   "   "

UNION TOWNSHIP.

Garnett, Frederick.............................Unity P. O.
Green, Elbridge..................................   "   "
Goodwin, David..................................   "   "
Gardner, Enos...................................   "   "
Griffeth, Humphrey..............................   "   "

WASHINGTON TOWNSHIP.

Graham, John..........................Frank Pierce P. O.
Graham, Isaac, [poll].......................   "   "   "
Graham, James, "   ....   "   "   "
Graham, Wm. (tenant).........Williamstown, "   "   "
Gornell, Joseph...............................   "   "   "
Gingrich, Joseph C...........................Amish P. O.
Gingrich, Jeremiah............................   "   "
Gingrich, Samuel..............................   "   "
Gingrich, Jacob D.............................   "   "
Gingrich, J. J................................   "   "
Gingrich, D. J................................   "   "
Gingrich, D. P................................   "   "
Graber, John..................................   "   "
Green, Lyman..................................Windham P. O.
Gingrich, Christian, Jr...........Richmond, Washington Co.
Gingrich, Christian C.................   "   "   "

LUCAS TOWNSHIP.

Gillhouse, Fritz..............................Iowa City P. O.
Grant, Thomas B...............................   "   "   "
Goettle, Wm...................................   "   "   "
Goach, Benjamin, (tenant).....................   "   "   "
Guffin, E. M.,   "   ....   "   "   "
Gipson, George,   "   ....   "   "   "
Gates, Adam,   "   ....   "   "   "
Gouch, Richard,   "   ....   "   "   "
Gilchrist, Peter, (poll)......................   "   "   "
Gray, Wm.,   "   ....   "   "   "

TOWN OF CORALVILLE.

Gilmore, Isaac..................................Coralville P. O.
Gilmore, N. F., (tenant).......................... "   "
Gibbons, Patrick................................. "   "
Green, Samuel D., (poll)......................... "   "
Gordon, Samuel,   " .... "   "

BIG GROVE TOWNSHIP.

Hazard, W. M. S..................................Solon P. O.
Hertz, Henry..................................... "   "
Horska, Anton.................................... "   "
Huber, John...................................... "   "
Howald, Frederick................................ "   "
Harapert, John................................... "   "
Heber, J. J., Jr.................Ely P. O., Linn County.
Heber, J. J., Sr................. "   "   "   "
Heinses, Dr., Otto...............................Solon Town.
Heinses, W. L.................................... "   "
Hess, John, (tenant)............................. "   "
Hanson, Kasmur................................... "   "
Hatch, Sarah..................................... "   "
Hatch & Palmer, [Livery]......................... "   "

CEDAR TOWNSHIP.

Herrington, Wm...................................Solon P. O.
Henik, Albert.................................... "   "
Hotteil, Joseph.................................. "   "
Henik, Joseph.................................... "   "
Holobash, Francis................................ "   "
Holobash, Ferdenan............................... "   "
Hopler, Michael.................................. "   "
Henik, Mathias................................... "   "
Henik, George.................................... "   "
Heid, John M..................................... "   "
Henningway, Joseph............................... "   "
Hooffer, Alice................................... "   "
Hooffer, Jacob................................... "   "
Humberling, Henry, (tenant)...................... "   "
Huber, John......................................Morse P. O.
Hurley, James, (tenant).......................... "   "
Hortz, Bridget................................... "   "
Hortz, Michael................................... "   "
Humplely, George.................Lisbon P. O., Linn County.

CLEAR CREEK TOWNSHIP.

Hamelton, J. C. .... Tiffin P. O.
Hubbard, F. H., (poll)........................... " "
Hudnut, G. W. .... " "
Hay, Wm. H. .... " "
Hogan, Dennis .... " "
Hill, Mack .... " "
Heffern, Miles .... Iowa City P. O.
House, Henry .... " " "
House, J. C., (poll) .... " " "

FREMONT TOWNSHIP.

Huskins, Richard .... Lone Tree P. O.
Harold, Joseph H. .... " " "
Hines, Jacob .... " " "
Hinkly, Samuel .... " " "
Haligian, Patrick .... " " "
Harty, Roda .... " " "
Halligan, Ann .... " " "
Hill, Samuel .... " " "
Hill, Francis, (tenant) .... " " "
Halligan, Thomas .... " " "
Hall, Wm .... " " "
Hodachake, Michael .... " " "
Hagerman, Charles .... " " "
Higens, Saul .... " " "
Hinkley, Lewis .... " " "
Hinkley, H. L. .... " " "
Hines, Jacob .... " " "
Hagan, Charles, (poll) .... " " "
Hinkley, Alvay .... " " "
Hinkley, B. M. .... " " "
Hill, M. R. .... " " "
Henry, John .... Shoo Fly P. O.
Hiler, Amanda .... " " "
Hawthorn, Harriett .... River Junction Town.

GRAHAM TOWNSHIP.

Holland, Michael .... Oasis P. O.
Hemsted, Samuel C .... " "
Haynes, E. C. .... " "
Hunter, Wm. H .... " "
Hunter, John C. .... " "
Harrison, Robert R .... " "

GRAHAM TOWNSHIP—Continued.

Harrison, James	Oasis P. O.
Harrison, Mathew	" "
Hahn, Henry	" "
Hoyett, Ellen	" "
Hoyett, Page	" "
Hoffman, Charles, *(tenant)*	" "
Haddock, John "	" "
Hunter, Thomas B., "	" "
Holmes, Wm. H.	" "
Haddock, James	" "
Hemsted, Lucy	Morse P. O.
Hope, John	" "
Hope, David	" "
Hill, J. D	" "
Hemsted, James	" "
Hope, Thomas	" "
Hoffman, Michael J	" "
Hemsted, D. T	" "
Holloway, James	Morse Town
Ham, Henry *(poll)*	Morse P. O.
Hora, James, *(tenant)*	" "
Holland, J. W	" "
Hennesty, Patrick	" "
Huffman, Elizabeth	Iowa City P. O.
Hahn, William	" " "
Hopp, William	" " "

HARDIN TOWNSHIP.

Hutchinson, John	Oxford P. O.
Hoover, Charles	" "
Hoover, Nathaniel	" "
Harney, Thomas	" "
Hoffman, Peter, *(tenant)*	" "
Hoover, Henry	Windham P. O.
Hoover, David	" "
Healy, Jeremiah R	" "
Hummer, Adams	" "
Hetzell, Anna	" "
Hetzel, Joseph	" "
Hogan, John	" "
Horan, Henry	" "
Henry, Sarah	Windham Town.

JEFFERSON TOWNSHIP.

Hailse, Wenzel ....Western P. O., Linn County.
Horn, Joseph................... "   "   "   "
Horn, Fred..................... "   "   "   "
Horak, Daniel...........................Shueyville P. O.
Henreky, Joseph................ "   "
Hall, N. M..................... "   "
Hall, John W................... "   "
Horak, John.................... "   "
Horak, Wenzel.................. "   "
Horak, Antony.................. "   "
Hall, Robert...........................Shueyville Town
Hudson, James.................. "   "

LIBERTY TOWNSHIP.

Helmer, Andrew.........................Bon Accord P. O.
Hirt, Joseph................... "   "   "
Hodel, John.................... "   "   "
Hogg, G...................South Liberty "   "   "
Hartman, Jonas.........................Seventy-Eight P. O.
Hartman, Albert, [poll]......... "   "   "
Holland, Samuel................ "   "   "
Hunzinger & Streebin...................Iowa City P. O.
Hofnogle, Paul............Riverside P. O., Washington County.
Hoitzman, Fidel................ "   "   "   "
Hall, Geo. W., (tenant)........ "   "   "   "

LINCOLN TOWNSHIP.

Holderness, Robert.....................Iowa City P. O.
Heath, Peter................... "   "   "
Herving, Golfred............... "   "   "
Heath, Hiram................... "   "   "
Hollingsworth, James H......... "   "   "
Hollingsworth, Malon........... "   "   "
Hollingsworth, Mary P.......... "   "   "
Hill, M. R., [tenant]..................Lone Tree P. O.
Hodachick, Martin.............. "   "   "
Herr, Benjamin F..........Downey P. O., Cedar County.
Hollingsworth, A. W............ "   "   "   "
Hall, Mercer................... "   "   "   "
Henick, James.................. "   "   "   "

MADISON TOWNSHIP.

Humphreys, J. J.................................Chase P. O.
Herdleskey, Joseph .... " "
Herdleskey, Joseph, Jr., *(tenant)*............... " "
Harrison, Samuel,   "   .... " "
Howard, William,   "   .... " "
Huska, Frank,   "   .... " "
Herdleskey, Morris .... " "
Herdesky, Roman, [*poll*]........................ " "
Hoover, David ....North Liberty P. O.

MONROE TOWNSHIP.

Hartly, G. W..................................Danforth P. O.
Hopkins, Samuel, (*tenant.*)..................... " "
Hiatt, M.,   "   ....Amana, Iowa County.
Hoska, Frank ....Danforth P. O.
Hala, Wesley.................................. " "
Huffman, E. P................................. " "
Holobash, Anthony............................. " "
Huvska, Vincent................................ " "
Horak, John.................................... " "
Homasher, Anna................................. " "
Homasher, James................................ " "
Hall, Hiram ....Amana, Iowa County.
Hall, Amanda.................................. " " "

NEWPORT TOWNSHIP.

Henyen, Bradford ....Iowa City P. O.
Hughes, George................................. " " "
Haripol, Joseph Jr............................. " " "
Hettleson, James............................... " " "
Hipps, Fidel .... " " "
Heleton, Robert .... " " "
Hubbard, A. W. ....Newport P. O.
Hemsted, F. W., (Postmaster).................. " "
Hughes, Samuel .... " "
Hill, James.................................... " "
Hill, William, (*tenant,*)..................... " "
Hill, Z. C.,   "   .... " "
Hill, Henry,   "   .... " "
Healeson, Finley, "   .... " "
Hotka, Joseph.................................. " "
Hotka, Michael................................. " "

NEWPORT TOWNSHIP—Continued.

Hubbard, A. E.................................Newport P. O.
Huber, Roman.............................   "   "
Haripol, Joseph, Sen.......................   "   "
Haripol, Joseph...............................Solon P. O.

OXFORD TOWNSHIP.

Hardy, James.................................Oxford P. O.
Harper, Thomas............................   "   "
Hoot, John,.................................   "   "
Hays, John..................................   "   "
Heifner, Thomas............................   "   "
Henderson, J. B., [tenant].................   "   "
Hart, Timothy,   "   ....   "   "
Hutchinson, John,   "   ....   "   "
Hardy, John,   "   ....   "   "
Hasperderky, Albert........................   "   "
Hibborn, Mary A............................   "   "
Hamelton, H.................................Tiffin P. O.
Hastings, James.............................Oxford Town.
Harington, Lucius..........................   "   "
Harling, John..............................   "   "
Heeb, Valentine............................   "   "
Hibborn, W. H..............................   "   "
Hetz, Elizabeth............................   "   "
Hughes, Sarah E............................   "   "
Hughes, John A.............................   "   "
Hartwell, J. L.............................   "   "
Humphrey, Henry............................   "   "
Hatton, Jacob..............................   "   "
Hastings, John, (tenant)...................   "   "
Heifner, James.............................   "   "
Hiednutt, G. W.............................   "   "
Hopwood, Hannah E..........................   "   "
Hilbord, Isaac.............................   "   ",

PENN TOWNSHIP.

Hemphill, Joseph...........................Iowa City P. O.
Hawkins, Gilbert...........................Coralville P. O.
Hawk, Jonathan.............................North Liberty P. O.
Hawk, David................................   "   "   "
Huffman, John H............................   "   "   "
Hillman, J. S..............................Town of North Liberty.
Hackett, Samuel............................   "   "   "   "

PLEASANT VALLEY TOWNSHIP.

Hays, Michael	Iowa City P. O.
Ham, Milton	" " "
Hotz, Anthony	" " "
Hays, James, (poll)	" " "
Hays, John, "	" " "
Henzler, John	" " "
Holmes, Watson	" " "
Hart, Joseph	" " "
Huffman, Elijah, (tenant)	" " "
Huffman, J. W., "	" " "
Hall, John, "	" " "
Hall, Wm., Estate	" " "
Hart, Daniel	Morfordville P. O.

SCOTT TOWNSHIP.

Hill, Sion	Iowa City P. O.
Hunter, George	" " "
Hill, Green	" " "
Harris, Jessie U	" " "
Hemsworth, Abraham	" " "
Hamilton, W. J	" " "
Hodges, James H	" " "
Hindman, John	" " "
Hindman, W. F	" " "
Hindman, L S	" " "
Higbee, Obediah	" " "
Hess, John C	" " "
Ham, Jonathan	" " "
Hunter, Lemuel	" " "
Hinman, A. C	" " "
Hora, John	" " "
Hedges, James P	" " "
Hedges, William, (tenant)	" " "
Hedges, A. R., "	" " "
Hedges, Joseph B., "	" " "
Hodkins, Thomas, "	" " "
Hawkins, Riley	" " "
Hemsworth, Oscar	" " "
Holdiness, Josiah	" " "
Haynes, Isaac W	West Branch, Cedar County.
Hollingsworth, Mahlon	Downey P. O., " "
Hogue, Thomas	" " " "
Hogue, S. G	" " " "
Holloway, Oliver C	" " " "
Hollingsworth, Charles, [tenant]	" " " "

SHARON TOWNSHIP.

Hofer, Samuel .... Amish P. O.
Hochstetler B. J...................................   "   "
Hamilton, Ezra A ....   "   "
Hochstetler, Elizabeth, [tenant]...................   "   "
Huff, Jacob M.,   "   "   "
Hevshberger, E. P.,   "   "   "
Hartsock, Marion,   "   ....Frank Pierce P. O.
Hartsock, J. Cooper,   "   ....   "   "
Hamilton, C. P................................... Amish P. O.
Hochstetler, S. A................................ Sharon P. O.
Hershberger, H. H................................   "   "
Helmuth, C., Estate..............................   "   "
Huff, Jacob...................................... Frank Pierce P. O.
Hartsock, R. N...................................   "   "
Hartsock, George.................................   "   "
Hummer, John C...................................   "   "
Hartsock, John ....   "   "
Herman, George M ....   "   "
Humphreys, Thomas J.............................. Iowa City P. O.
Hughes, Peter....................................   "   "
Hughes, R. R.....................................   "   "
Hughes, J. R.....................................   "   "
Hall, Geo. R.....................................   "   "
Hughes, D. B.....................................   "   "
Hughes, B. B., (poll)............................   "   "
Hirt, Jacob...................................... Bon Arcord P. O.
Hupp, Atkinson...................................   "   "
Hartman, Carr............ Middleburg P. O., Washington County.
Hartman, Chester........   "   "   "   "
Helms, Wm..............   "   "   "   "
Hartbard, Louis.........   "   "   "   "

UNION TOWNSHIP.

Haman, John...................................... Unity P. O.
Hrodek, Joseph...................................   "   "
Holchanser, Jacob................................   "   "
Hudnutt, David ....   "   "
Huffman, George..................................   "   "
Humphreys, M. A.................................. Iowa City P. O.
Humphreys, J. F..................................   "   "
Humphreys, W. L..................................   "   "
Harris, Phineas..................................   "   "
Hummer, Wenzel ....   "   "

UNION TOWNSHIP—CONTINUED.

Herring, Henry .... Iowa City P. O.
Hilton, Charles H., *(tenant)*...................... " " "
Hastings, D. H. .... " " "
Hoffeoditz, C. .... " " "
Huff, Wm, *(tenant)*............................... " " "
Healey, James..................................... Windham P. O.
Humphrey, S. R. .... " "
Holsted, Geo. W., *(tenant)*...................... " "
Harold, Daniel .... " "

WASHINGTON TOWNSHIP.

Howell, Elias B. .... Frank Pierce P. O.
Howell, J. W., *(tenant)*......................... " " "
Harris, Lorin, " .... " " "
Harris, Silas..................................... " " "
Haberstrah, Philip................................ " " "
Hammer, John...................................... " " "
Hoshstetler, Henry................................ Amish P. O.
Hoshstetler, Samuel............................... " "
Hoshstetler, B. A................................. " "
Hoshstetler, H. H................................. " "
Holloway, Joseph .... " "
Haynes, Wm. C..................................... " "
Holloway, Wm .... " "
Hershberger, J. D., *(tenant)*.................... " "
Hardy, J. B., " .... " "
Hamelton, Wm. T................................... " "
Haines, Thomas.................................... " "

LUCAS TOWNSHIP.

Haynes, Philo..................................... Iowa City P. O.
Heveran, Geo...................................... " " "
Hess, Mary J...................................... " " "
Huddleston, C..................................... " " "
Handy, G. H....................................... " " "
Haddock, W. J..................................... " " "
Hankee, Samuel.................................... " " "
Hartsock, Virgil.................................. " " "
Hughes, Robert R.................................. " " "
Hedges, J. P...................................... " " "
Hitchcock, George A., [*poll*].................... " " "
Hedges, Wm., " .... " " "
Hedges, James, " .... " " "

LUCAS TOWNSHIP—Continued.

Hankee, Wm., (*poll*)	Iowa City P. O.		
Haynes, Wm. N.. "	"	"	"
Hill, J. G.	"	"	"
Hepler, E. G.	"	"	"
Hughles, William. (*tenant*)	"	"	"
Hoffman, Joseph A., "	"	"	"
Hunter, Chester, "	"	"	"
Heveran, George. "	"	"	"
Hess, James M., "	"	"	"
Hill, Joseph J., "	"	"	"
Hyleck, Conrad, "	"	"	"
Handy, E. R., "	"	"	"
Hill, Wilmina, "	"	"	"

TOWN OF CORALVILLE.

Hacket, T. R. .... Coralville P. O.
Hoover, George, (*tenant*) .... "   "
Hand, E. A., " .... "   "
Huffman, Conrad .... "   "
Hoover, Charles, [*poll*] .... "   "

CEDAR TOWNSHIP.

Ilick, John, Sen .... Solon P. O.
Ilick, John, Jr. .... "   "

OXFORD TOWNSHIP.

Inmel, Michael .... Oxford P. O.
Ives, Warren .... "   "

LUCAS TOWNSHIP.

Irish, Gill F., (*tenant*) .... Iowa City P. O.
Ider, Henry, " .... "   "   "

BIG GROVE TOWNSHIP.

Jerns, Jacob .... Solon P. O.
Jenson, C. J. .... Solon Town.
Jedlecka, Wesley .... "   "
Jedlecka, Franz .... "   "
Johnson, Jar .... Solon P. O.

CLEAR CREEK TOWNSHIP.

Johnson, Rolla .... Tiffin P. O.

FREMONT TOWNSHIP.

Jayne, John W............................Lone Tree P. O.
Jayne, David................................ "   "   "
Jayne, Henry D............................ "   "   "
Jayne, Whitaker........................... "   "   "
Jayne, B. G................................. "   "   "
Jantel, John B..............................Lone Tree Town.
Jayne, William............................. "   "   "
Jeanttell, M. H............................ "   "   "
Jehle, Atnas.................................Lone Tree P. O.
Jehle, Cenard.............................. "   "   "
Jones, E. D., [poll]...................... "   "   "

GRAHAM TOWNSHIP.

Jack, Elija...................................Morse P. O.
Jack, John................................... "   "
Jack, William............................... "   "

HARDIN TOWNSHIP.

Jones, Richard E...........................Oxford P. O.
Johnson, Hamilton........................ "   "
Jacobs, John, [tenant].................. "   "

JEFFERSON TOWNSHIP.

Johnson, Louis, [tenant]................Shueyville P. O.

LIBERTY TOWNSHIP.

Jerru, Anthony............................Seventy-Eight P. O.
Jenn, Magdalen........................... "   "   "

NEWPORT TOWNSHIP.

Jacobs, Christ..............................Newport P. O.

OXFORD TOWNSHIP.

Jones, Louis, [tenant]...................Oxford P. O.
Jones, E......................................Oxford Town.
Johnson, H., Jr............................ "   "

PENN TOWNSHIP.

Johnson, Joshua...........................North Liberty P. O.

SCOTT TOWNSHIP.

Jenson, Theodore.........................Iowa City P. O.
Jenson, Otto................................ "   "   "

SHARON TOWNSHIP.

Johnson, R. M..............................Frank Pierce P. O.
Jones, David O...............................Iowa City P. O.
Jones, David H................................   "   "   "
Jones, David A................................   "   "   "
Jones, John L., (tenant)......................   "   "   "
Jones, John T.,   "   ....   "   "   "
Jones, Thos. D.,   "   ....   "   "   "
Jones, Hugh D.,   "   ....   "   "   "
Jones, James,   "   .....Riverside P. O., Washington County.
Jones, C. A................   "   "   "   "

UNION TOWNSHIP.

Jones, D. D ....Iowa City P. O.
Jones, Daniel A...............................   "   "   "
Jones, Daniel.................................   "   "   "
Jones, Daniel J...............................   "   "   "
Jones, D. W...................................   "   "   "
Justice, John, [tenant].......................   "   "   "

WASHINGTON TOWNSHIP.

Johnson, Robert...........................Frank Pierce P. O.
Jelley, James.................................   "   "   "
Jelley, R. M., [tenant].......................   "   "   "
Johnson, Frank M..............................   "   "   "

LUCAS TOWNSHIP.

Joselyn, Thomas C.............................Iowa City P. O.
Jones, D. M...................................   "   "   "
Jones, John P.................................   "   "   "
Jones, Samuel C...............................   "   "   "
Jones, Thomas H...............................   "   "   "
Jones, John K.................................   "   "   "
Jones, R. P...................................   "   "   "
Jackson, N. J.................................   "   "   "
Jacobs, Frederick, (poll).....................   "   "   "
Johnson, Ellsworth, " ....   "   "   "
Johnson, Sylvanus.............................   "   "   "

BIG GROVE TOWNSHIP.

Kessler, Fidel................................Solon P. O.
Kessler, Fidell W., [tenant]..................   "   "
Kessler, Wm. A.,   "   ....   "   "
Kessler, Lane,   "   ....   "   "
Kessler, Felix................................   "   "

BIG GROVE TOWNSHIP.—CONTINUED.

Kessler, Jacob ....Solon P. O.
Kessler, Mathias .... "   "
Kessler, Francis B. .... "   "
Kessler, William H., *(tenant)*............... "   "
Kessler, Nicholas.   "   .... "   "
Kessler, Frank,   "   .... "   "
Kinney, Alfred,   "   .... "   "
Klema, John................................. "   "
Kadles, Joseph.............................. "   "
Konhout, John............................... "   "
Kehren, George.............................. "   "
Kotzburn, Fred.............................. "   "
Kotiscak, Francis........................... "   "
Kaspereek, James............................ "   "
Keene, R. A................................. "   "
Kreiger, John M., Sr., (Estate).............. "   "
Kreiger, John M., Jr .... "   "
Kreiger, John F., (Estate)................... "   "
Kimes, Caroline............................. "   "
Kimes, Daniel............................... "   "
Kentz, John.................................Solon Town.
Kester, M. E................................ "   "
Kutchera, Wesley .... "   "
Kent, A. G.................................. "   "
Kotsza, Wesley.............................. "   "

CEDAR TOWNSHIP.

Kutchera, Thomas............................Solon P. O.
Krob, Frank................................. "   "
Krob, John.................................. "   "
Kamberling, Henry, *[tenant]* .... "   "
Krolohoil, Paul,   "   .... "   "
Krob, Joseph,   "   .... "   "
Kolda, Joseph .... "   "
Kesler, Adolph.............................. "   "
Kesler, Alois............................... "   "
Krolohoil, John............................. "   "
Kohl, George........................Lisbon P. O., Linn County.

CLEAR CREEK TOWNSHIP.

Kohl, Peter.................................Tiffin P. O.
Kiser, John, *[tenant]*..................... "   "
Kotas, John.   "   .... "   "
Koser, Martin, "   .... "   "

CLEAR CREEK TOWNSHIP—Continued.

Kooken, Henry, (*tenant*) .... Tiffin P. O.
Kerwin, John................................ " "
Kerwin, Thomas............................. " "
Kotas, Joseph............................... " "
Klein, Adam................................ Iowa City P. O.
Klein, Anthony............................. " "

FREMONT TOWNSHIP.

Kiser, Levi................................. Shoo Fly P. O.
Kiser, James S............................. " "
Kiser, Luther, [*poll*]...................... " "
Kelso, John H.............................. River Junction P. O.
Kelso, W. T................................ River Junction Town.
Kirkpatrick, David......................... Lone Tree Town.
Keith, A. F................................ " "
Krole, Elizabeth........................... " "
Keshan, Wm................................. Lone Tree P. O.
Keeler, Amos............................... " "
Kile, Jeremiah............................. " "
Kelley, John............................... " "

GRAHAM TOWNSHIP.

Kadleck, Joseph............................ Morse Town.
Kral, John, [*tenant*]..................... " "
Kennedy, S. L.............................. Morse P. O.
Krout, John................................ " "
Kelly, Michael............................. " "

HARDIN TOWNSHIP.

Kaefring, Herman, Sr....................... Windham P. O.
Kaefring, Herman, Jr....................... " "
Kibler, Aaron.............................. " "
Kelley, Thomas............................. Oxford P. O.
Kelley, James.............................. " "
Kibler, Peter.............................. " "
Keeney, Wm................................. " "
Kierwin, John.............................. " "
Kierwin, Thomas............................ " "
Kierwin, Patrick........................... " "

JEFFERSON TOWNSHIP.

Kulhary, Tobias............................ Shueyville P. O.
Kreisa, John............................... " "
Konechny, John............................. " "
Kopetsky, Joseph........................... " "

JEFFERSON TOWNSHIP—Continued.

Kaplard, Ferdenan..........................Shueyville P. O.
Kubet, Wenzel, [tenant]......................   "   "
Kolaban, John...............................   "   "
Kephert, Henry............................Shueyville Town.
Kenzie, B. F................................   "   "
Komchney, Louis............................   "   "
Konichny, Louis, [tenant]....................   "   "
Belberger, Wesley............Western P. O., Linn County.

LIBERTY TOWNSHIP.

King, Jacob................................Bon Accord P. O.
King, Godlap, [poll].......................   "   "   "
Kral, Joseph...............................   "   "   "
Kolas, Augustus, [tenant]..................   "   "   "
Kuneman, Joseph..........................Seventy-Eight P. O.
Kuneman, S. G.............................   "   "   "

LINCOLN TOWNSHIP.

Krol, John.................................Lone Tree P. O.
Krus, John.................................   "   "   "
Kiser, Geo. F., [tenant]...................   "   "   "

MADISON TOWNSHIP.

Krall, John, Sr............................Chase P. O.
Krall, John, Jr., (poll)...................   "   "
Kelley, John..............................Green Castle P. O.

MONROE TOWNSHIP.

Karbulka, Joseph...........................Danforth P. O.
Kleismer, Wesley, [tenant].................   "   "
Konichney, A...............................   "   "
Kuchera, Daniel............................   "   "
Kodlace, John..............................   "   "
Konoceker, Joseph, Jr............Western P. O., Linn County.
Konoceker, Joseph, Sen............   "   "   "   "
Koshen, John......................   "   "   "   "
Keniash, J........................   "   "   "   "
Kronlik, John..................Amana P. O., Iowa County.
Klemish, Frank...................   "   "   "   "
Kleisner, Joseph.................   "   "   "   "
Kbuber, John.....................   "   "   "   "

NEWPORT TOWNSHIP.

Kost, Joseph..Solon P. O.
Koos, Mathias...................................... " "
Krall, F... " "
Krall, James......................................Newport P. O.
Kasper, Francis................................... " "
Kost, Joseph...................................... " "
Krall, J... " "
Kobah, Albert..................................... " " .
Krall, Albert, [tenant].........................Iowa City P. O.
Kaleda, Joseph.................................... " " "
Kasper, Anton..................................... " " "

OXFORD TOWNSHIP.

Keiff, Dennis......................................Oxford P. O.
Kepford, Jacob.................................... " "
Kaderia, Simon.................................... " "
Klump, Jacob...................................... " "
Kennedy, John..................................... " "
Kline, Adam....................................... " "
Kral, Frank....................................... " "
Kintz, Charles, [Merchant]......................Oxford Town.
King, Robert...................................... " "
Klenk, G. A....................................... " "
Klenk, M. J....................................... " "
Kelley, John...................................... " "
Kortum, J. W...................................... " "
Kinney, William................................... " "

PENN TOWNSHIP.

Koser, Israel ....North Liberty P. O.
Kroul, John....................................... " " "
Koser, Jacob, (tenant)............................ " " "
Koover, John, " .... " " "
Kepford, John..................................... " " "
Keleher, John ....Iowa City P. O.

PLEASANT VALLEY TOWNSHIP.

Kimes, Uriah...................................River Junction P. O.
Kimes, Andrew, (tenant)........................... " " "
Kelleher, Dennis.................................Iowa City P. O.
King, Samuel, (poll).............................. " " "
King, Lewis, " .... " " "
King, Stephen, [Estate]........................... " " "

SCOTT TOWNSHIP.

Kneiss, Adam................West Branch P. O., Cedar County.
Kneiss, Henry, (tenant)........   "   "   "   "   "
Kirkpatrick, W. M. C.........   "   "   "   "   "
Kisler, J. H., (tenant).............Downey P. O., Cedar County.
Kouch, Chas.,   "   ....Iowa City P. O

SHARON TOWNSHIP.

Krebiel, Christian...................................Amish P. O.
Kissinger, Peter............................Frank Pierce P. O.
Krsselring, Godlip.....................Sharon Center P. O.
Kinsinger, Elias.........................   "   "   "
Kennedy, J. S., (tenant)....................   "   "   "
Kuhues, Leonard,   "   ....   "   "   "
Knepp, Abraham,   "   ....   "   "   "
Kepler, John, [Estate]....................   "   "   "
Knepp, Levi ....P. O.
Knebel, Richus............Richmond P. O., Washington County.
Knepp, Samuel............   "   "   "   "
Knepp, J. J..............   "   "   "   "
Knebel, James, (poll)......   "   "   "   "
Knebell, Louis, [tenant]....   "   "   "   "
Kempf, Salome............   "   "   "   "
Kepler, John A., [Estate]..   "   "   "   "

UNION TOWNSHIP.

Kenner, John.......................................Unity P. O.
Kaebrik, William ....   "   "
Kerrigan, James................................Iowa City P. O.
Kerrigan, John ....   "   "   "
Kerrigan, Dennis......................................   "   "   "
Kauffman, Elizabeth....................   "   "   "

WASHINGTON TOWNSHIP.

Kreth, George...................................Windham P. O.
Kempp, Moses...............................Frank Pierce P. O.
Ketter, Peter..   "   "   "
Kauffman, Daniel J ....Amish P. O.
Kauffman, Barbary.................................   "   "
Keim, Christian, (tenant).............................   "   "
King, Isaiah,   "   ....   "   "
King, L. B.,   "   ....   "   "
King, Sarah..   "   "
Karr, James..   "   "

LUCAS TOWNSHIP.

Kelley, Michael..................................Iowa City P. O.
Kelley, Thomas............................... " " "
Kneidlick, F................................. " " "
Kenard, Adison, [tenant]...................... " " "
Kullum, Timothy. " .... " " "
Knapp, J. W., " .... " " "
Kyle, Domnick, " .... " " "
Kenott, Leander, (poll)........................ " " "
Koke, Gotlib, " .... " " "
Kerr, E. F., " .... " " "
Kerr, H. H .... " " "

TOWN OF CORALVILLE.

Kirkwood, William.............................Coralville P. O.
Koser, Alexander.............................. " "
Korn, Christ., Blacksmith, (tenant)............ " "

BIG GROVE TOWNSHIP.

Langdon, Luther...............................Solon P. O.
Langdon, D. M................................. " "
Lancaster, Garrett............................ " "
Lynn, Martha.................................. " "
Lynn, Richard................................. " "
Lilley, Edward, [tenant]...................... " "
Lenoch, Joseph................................ " "
Lingle, Solomon...............................Ely P. O., Linn County.
Lingle, John.................................. " " " "
Lawyer, L. M., [Merchant].....................Solon Town.

CEDAR TOWNSHIP.

Leonard, Michael..............................Morse P. O.
Leonberger, Jacob.............................Solon P. O.
Livengood, Israel............................. " "
Langdon, L., Jr............................... " "
Lawrance, Frank............................... " "
Lawrance, James............................... " "

CLEAR CREEK TOWNSHIP.

Leasure, Lorin D., (tenant)...................Tiffin P. O.

FREMONT TOWNSHIP.

Lutz, James H.................................Lone Tree P. O.
Loher, Jacob C................................ " " "
Luckey, Francis, (tenant)..................... " " "
Leonard, A. W.................................Lone Tree Town.

FREMONT TOWNSHIP—Continued.

Lippengoes, T..................................Lone Tree P. O.
Lee, James.. " " "
Lenard, A. W..................................... " " "
Luscomb, Francis................................ " " "

GRAHAM TOWNSHIP.

Lyon, David.....................................Morse P. O.
Lines, Levi....................................... " "
Lucas, C. A.....................................Iowa City P. O.
Lampe, Henry, [poll]...........................Oasis P. O.
Leighty, Henry................................... " "
Leighty, James, (tenant)......................... " "
Lumpe, John..................................... " "

HARDIN TOWNSHIP.

Leonard, Michael................................Oxford P. O.
Laden, John...................................... " "
Leeney, Hanora................................... " "
Leeney, Jerry, Jr................................ " "
Leeney, Jerry, Sr., (tenant)..................... " "
Louis, Henry..................................... " "

JEFFERSON TOWNSHIP.

Lorentz, Thomas...............................Ely P. O., Linn County.
Lawar, Frank, Sr................................. " " " "
Lawar, John...................................... " " " "
Largent, Fred..................................Shueyville P. O.
Laughey, Thomas...............................Shueyville Town.
Laughey, John W.................................. " "
Lohe, John....................................... " "
Lopar, John...................................... " "
Lourar, Frank.................................... " "

LIBERTY TOWNSHIP.

Levenstine, Simon..............................Seventy-Eight P. O.

LINCOLN TOWNSHIP.

Lawrance, Samuel...............................Iowa City P. O.
Lenz, John....................................... " " "
Lutze, Clause.................................... " " "
Lench, Hens, (tenant)............................ " " "
Lenhard, Henry.................................Lone Tree P. O.
Lutze, Peter..................................... " " "
Lenhart, Adam.................................... " " "
Lenarbar, Michael................................ " " "

MADISON TOWNSHIP.

Lininger, Jacob P.	North Liberty P. O.
Lininger, Jacob	" " "
Lininger, Samuel, (tenant)	" " "
Lininger, Henry, "	" " "
Lininger, Joseph, "	" " "
Lininger, Martin "	" " "
Lawrance, Geo., "	" " "
Lawrance, Isaac. "	" " "
Link, John	Tiffin P. O.
Lentz, John	Chase P. O.
Lentz, Enos, [tenant]	" "

MONROE TOWNSHIP.

Leonard, C. P.	Danforth P. O.
Lindenwood, Aaron	" "
Lindenwood, John, [tenant]	" "
Ludwick, John, Sr.	" "
Ludwick, John, Jr., [poll]	" "
Lumparek, Wesley	" "
Lumparek, Joseph	" "
Lenoh, Joseph	" "
Leposky, John, (tenant)	" "
Lukowosky, John	" "

NEWPORT TOWNSHIP.

Longerbeam, W. H.	Newport P. O.
Locina, James	" "
Longerbeam, George	" "
Lutz, Peter	Solon P. O.

OXFORD TOWNSHIP.

Linkhart, Joel	Oxford P. O.
Luse, Stephen	" "
Lodge, Patrick	" "
Lenoc, Wesley	" "
Lengle, E. R., (tenant)	" "
Luse, S. M., "	" "
Luther, Christian, Sr.	Oxford Town.
Luther, Christian, Jr., [Blacksmith]	" "
Lengle, Jenney E.	" "
Lengle, John	" "

PENN TOWNSHIP.

Long, Peter	North Liberty P. O.

PLEASANT VALLEY TOWNSHIP.

Loney, Patrick............Iowa City P. O.
Loney, James............River Junction P. O.
Loan, Geo. W.,............Morfordsville P. O.
Loan, Wm. J............ " "
Loan, James............ " "
Loan, J. W............ " "

SCOTT TOWNSHIP.

Lucas, J. B............Iowa City P. O.
Lord, Samuel............ " " "
Lincoln, Iva............ " " "
Lord, M., (poll)............ " " "
Leach, John............West Branch P. O., Cedar County.
Leach, Lewis............ " " " " "
Lewis, Milton............ " " " " "
Lincoln, Perry B............ " " " " "
Leach, Sarah E............ " " " " "
Leach, Ross............ " " " " "

SHARON TOWNSHIP.

Luke, S. G............Sharon Center P. O.
Lehman, Frederick............ " " "
Lehman, Jacob, (poll)............ " " "
Lakin, William, [tenant]............Frank Pierce P. O.

UNION TOWNSHIP.

Lewis, D. R............Iowa City P. O.
Lewis, C. W............ " " "
Lewis, F. L............ " " "
Long, Adam............ " " "
Long, Henry, (tenant)............ " " "

WASHINGTON TOWNSHIP.

Litzenbarg, George............Frank Pierce P. O.
Litzenbarg, Andrew, (tenant)............ " " "
Litzenbarg, Wm. C., "............Amish P. O.
Lantz, F. S............ " "
Leibig, Charles............ " "
Leibe, Charles............ " "
Livezey, Henry............ " "
Lewis, R. G............Windham P. O.

LUCAS TOWNSHIP.

Lanning, Edward............................Iowa City P. O.
Lanning, Edward, Jr., [poll]............... "   "   "
Lee, Charles P.,   "   "   "   "
Lewis, John,   "   "   "   "
Linder, Anton.............................. "   "   "
Lee, E. C.................................. "   "   "
Lee, Luther F.............................. "   "   "
Lee, Frank L............................... "   "   "
Lathrop, H. W.............................. "   "   "
Lathrop, G. F.............................. "   "   "
Lathrop, William A......................... "   "   "
Lewis, George.............................. "   "   "
Lindsay, M. A.............................. "   "   "
Lentz, Peter............................... "   "   "
Luse, Z. C., (tenant)...................... "   "   "
Luse, F. F.,   "   "   "   "
Linder, Michael............................ "   "   "

TOWN OF CORALVILLE.

Lally, John W., (poll).....................Coralville P. O.
Leek, W. D., (tenant)...................... "   "

BIG GROVE TOWNSHIP.

McCune, Charles W..........................Solon P. O.
McDonnell, Enas............................ "   "
Medowell, Henry............................ "   "
Meyer, Mathias............................. "   "
Miller, W. M. H............................ "   "
Mahanna, John.............................. "   "
Muskuer, John.............................. "   "
Mattons, Frank............................. "   "
McLaughlin, John........................... "   "
Mittner, Mary.............................. "   "
Mulack, R. P............................... "   "
Mehaffy, Alexander, (tenant)............... "   "
Moore, J. B.,   "   "   "
Marzack, James,   "   "   "
Midateck, Anton,   "   "   "
Mathews, Orin,   "   "   "
Meyers, Anton.............................. "   "
Medowell, D., [Druggist]...................Solon Town.
Moal, Charles.............................. "   "
McCune, H. A............................... "   "

BIG GROVE TOWNSHIP.—Continued.

McCune, Jason P., [Hotel].....................Solon Town.
McCune, D. F................................. "   "
Magill, William C............................ "   "
Mattas, George............................... "   "
Mazena, Wesley............................... "   "
Mallie, Catharine............................ "   "
Maltis, Joseph............................... "   "
Mill Company, [Steam Flour].................. "   "

CEDAR TOWNSHIP.

Malie, Albert................................Solon P. O.
McCune, John P............................... "   "
Marak, John.................................. "   "
McCune, Tully S., (tenant)................... "   "
Moffitt, James,   "   "   "
Moore, F. G.,   "   "   "
Moore, A. C.................................. "   "
McCune, Austin S............................. "   "
Meyers, John................................. "   "
Malonay, Dennis.............................. "   "
Minick, Alonza............................... "   "
Miltner, Michael............................. "   "
Miller, Philip............................... "   "
Meacham, A................................... "   "
McCook, Peter................................Morse P. O.
McClellan, James H..................Lisbon P. O., Linn County.
Murphy, John................................. "   "   "   "
McClelland, W. B............................. "   "   "   "

CLEAR CREEK TOWNSHIP.

Miller, Christian, [tenant].................Tiffin P. O.
Moran, John,   "   "   "
Mead, John................................... "   "
Murphy, John................................. "   "
Madden, George............................... "   "
Mannagh, William............................. "   "
Mannagh, Eliza............................... "   "
McKee, Louis, (tenant)....................... "   "
Madden, John................................. "   "
McMahan, Conner, [tenant].................... "   "
Morse, R..................................... "   "
McCrath, Michael.............................Iowa City P. O.
Mullen, John.................................North Liberty P. O.
Miller, John................................. "   "   "
Miller, Jacob, (poll)........................ "   "   "

FREMONT TOWNSHIP.

McReynolds, Chester	River Junction P. O.
Morris, William	" " "
McLaughlin, H. B.	River Junction Town.
Magruder, George	River Junction P. O.
McComas, John H.	" " "
Musser, John D.	" " "
Magruder, James	" " "
McReynolds, Francis, (tenant)	" " "
Mires, Charles, "	" " "
Makeever, L. H.	" " "
Meyers, John, [poll]	" " "
McBride, Rachael	" " "
McCarty, Jeremiah	" " "
Misky, George	" " "
Minzer, Wenzel	Lone Tree Town.
McGehe, Irving, [tenant]	" " "

GRAHAM TOWNSHIP.

Morse, E. K.	Morse P. O.
Metcalf, Thomas	" "
McCarty, John	" "
McIlroy, James	" "
Miller, Mary A	" "
Martin, Patrick	Morse Town.
Montgomery, William, [tenant]	" "
Merrill, George	" "
Morse, S. E., [Merchant]	" "
Murray, Thomas, [poll]	" "
Morrison, James, "	Morris P. O.
Moore, William A	Iowa City P. O.
McCormick, P. J.	" " "
Miller, John C	Oasis P. O.

HARDIN TOWNSHIP.

Meade, James	Windham P. O.
Maher, Daniel	" "
McCabe, Edward	" "
Murphey, Michael	" "
McCabe, Bartholomew	" "
Madden, Patrick	" "
Mulloy, James	" "
McCabe, Owen	" "

HARDIN TOWNSHIP—Continued.

Morrisey, Thomas	Oxford P. O.
McCammon, Thomas	" "
McNeal, Michael	" "
Murphy, Patrick	" "
Madden, Bridget	" "

JEFFERSON TOWNSHIP.

Marek, Joseph	Shueyville P. O.
Medek, John	" "
Martin, Woadru	" "
Madrachek, William	" "
Munroe, Joshua, [tenant]	" "
Martichka, Anthony	" "
Mason, Bascomb	" "
McClintock, J. H	" "
Morek, Joseph	" "
Miska, Frank	Shueyville Town.
Morek, Wincen	" "

LIBERTY TOWNSHIP.

Mellaker, John	Seventy-Eight P. O.
McLaughlin, James	" " "
Martin, Abram	" " "
Martin, Theabold	" " "
McKenzie, L. W	" " "
Millow, John	" " "
McLaughlin, James, Jr (poll)	" " "
McLaughlin, S. S., "	" " "
McKenzie, P. F., "	" " "
Morrison, Roderick, (tenant)	" " "
Mentzer, George, "	" " "
Mentzer, John, Sr	Bon Accord P. O.
Martin, Adam, (poll)	" " "
Myres, Thomas, "	" " "
Myres, Samuel, "	" " "

LINCOLN TOWNSHIP.

Mathheison, William	Lone Tree P. O.
Meyers, Henry	" " "
McFadden, James, Jr	Iowa City P. O.
McFadden, James, Sr	" " "
Mumm, John	" " "
McFadden, Julia	" " "
Mead, R	" " "
Mead, A. W	" " "
Meuns, Otho	Downey P. O., Cedar County.

MADISON TOWNSHIP.

Musgrave, John, Sr ... .Chase P. O.
Musgrave, John, Jr., *(tenant)*.................... "   "
Mann, Philip... "   "
Mann, Henry.. "   "
Montgomery, Edward, *(tenant)*................... "   "
Moore, James J.,   "   .... "   "
McQuaid, Silas,   "   .... "   "
Makewetz, Frank....................................... "   "
Myres, Samuel L.. "   "
Myres, Valentine........................North Liberty P. O.
Myres, John W.. "   "   "
Myres, F. D., [*tenant*]............................ "   "   "
Madden, John, Sr....................................... "   "   "
Madden, Lemuel... "   "   "

MONROE TOWNSHIP.

Millward, James, [*poll*].....................Danforth P. O
Millward, George,   "   .... "   "
Moats, James,   "   .... "   "
Miller, Frank,   "   .... "   "
Miller, John... "   "
Mishak, Joseph.. "   "
Machala, John, Jr..................................... "   "
Montgomery, James..................................... "   "
McFarland, D.. "   "
Millard, Josiah....................................... "   "
Mochka, Wesley................Amana P. O., Iowa County.
Mishka, John, (*poll*)........... "   "   "   "
Machala, John, Sr...............Western P. O., Linn County.
Machala, Joseph, [*tenant*]......... "   "   "   "

NEWPORT TOWNSHIP.

Michalek, John........................Iowa City P. O.
McCauly, C............................ "   "   "
Mearish, Joseph....................... "   "   "
Mullin, W. J.......................... "   "   "
McClune, John......................... "   "   "
McCauly, Oren......................... "   "   "
McCullough, S......................... "   "   "
McArthur, Martin, *(tenant,)*......... "   "   "
Michael, Joseph.......................Solon P. O.
McAdams, Walter.......................Newport P. O.
Mehring, John......................... "   "
Mehring, William...................... "   "
Mellidier, Frank...................... "   "
Miller, C. C.......................... "   "

OXFORD TOWNSHIP.

McDonough, Michael	Oxford P. O.
Myres, Daniel	" "
Miller, Christ	" "
McVan, Peter	" "
McCarthy, Michael	" "
Markham, Martin	" "
Mahoney, Jerry	" "
Maher, M	" "
Markham, L. H	" "
Markham, A. D., [poll]	" "
Markham, M. E., "	" "
Merritt, C	" "
Mahoney, Patrick, Sr	" "
Moore, John	" "
Mahoney, Dennis	" "
McGellicuddy, F	" "
McCandlass, William	" "
Marvin, Wm. E	" "
Maston, John	" "
Mahoney, Patrick, Jr	" "
McClary, Hugh	" "
Mayer, H	" "
McGellicuddy, F., Jr	" "
McCommon, John H., [tenant]	" "
Moore, Bensmon, "	" "
Manner, Frank, "	" "
Mastin, George, (poll)	" "
Mason, Adam	" "
McCune, Jane	Oxford Town.
McCune, John	" "
Miller, A. J., [Stoves and Hardware]	" "
McClalland, Henry	" "
McClary, Hugh	" "
Montgomery, Mack	" "
Mahoney, Homer	" "
Merritt, Charles M	" "
McNeil, Banard	" "
Moffitt, R. A	" "
Mastin, John	" "
Mahoney, James	" "
McFarland, J. H	" "
Middleham, Elizabeth	" "
McNeil, F. F	" "

OXFORD TOWNSHIP—Continued.

Mastin, J. L.	Oxford Town.
Mellaker, Frank	" "
Montgomery, Mack	" "
Moffitt & O'Brine, [Merchants]	" "
Muon, Edward	" "
Mahoney, Mary	" "
Mahoney, John	" "
Mattinmore, Elizabeth	" "
Mahoney, Joseph	" "
Merrett, Susan	" "

PENN TOWNSHIP.

Murphy, Patrick	North Liberty P. O.
Murphy, William, (tenant)	" " "
Miller, Samuel, Sen	" " "
Miller, J. Elizabeth	" " "
Morland, John L	" " "
Morland, Alexander I	" " "
Morland, William L	" " "
Myres, Isaick	" " "
Meyers, Samuel P	" " "
Murphy, Patrick, Jr.,[tenant]	" " "
Miller, Jacob, Jr	Iowa City P. O.
Miller, Jacob, Sen	" " "
Moore, William A	" " "
Morse, Frederick H., (tenant)	" " "

PLEASANT VALLEY TOWNSHIP.

Marling, John P	Iowa City P. O.
Moon, William E	" " "
Morford, John	" " "
McLaughlin, James	" " "
McGuire, Patrick	" " "
McCalister, Mrs. Matilda	" " "
Maginnis, Joseph	" " "
Mahan, Thomas, (tenant)	" " "
Mahan, John, "	" " "
Mahan, Joseph, "	" " "

SCOTT TOWNSHIP.

Murphy, John	Iowa City P. O.
Murphy, Dennis	" " "
Moore, J. W	" " "
Mathews, John, [tenant]	" " "
Marshall, J. B	" " "

SCOTT TOWNSHIP—Continued.

Murphy, William, [poll]..................Iowa City P. O.
Murphy, Daniel,   "   "   "   "
Marshall, Joseph,   "   "   "   "
Mead, Benjamin...............West Branch P. O., Cedar County.
Meandon, William............   "   "   "   "   "
Mead, John S., [tenant]........   "   "   "   "   "
Michner, Chas.,   "   ....   "   "   "   "   "
Mead, Philip D., (poll)........   "   "   "   "   "
Mead, Filo,   "   ....   "   "   "   "   "
Mead, John,   "   ....   "   "   "   "   "
McCurdy, Thomas.................Downey P. O., Cedar County.
McCrady, James.....................   "   "   "   "
McVay, Jacob M.....................   "   "   "   "
Murphy, M. P., (tenant)............   "   "   "   "

SHARON TOWNSHIP.

Meer, Andrew............Richmond P. O., Washington County.
Miller, Peter..............   "   "   "   "
Miller, David..............   "   "   "   "
Miller, John J.............   "   "   "   "
Miller, Benedict ....   "   "   "   "
Miller, John C.............   "   "   "   "
Miller, Daniel D...........   "   "   "   "
Miller, Jonas M............   "   "   "   "
Miller, Gasper.............   "   "   "   "
Maske, John, [poll] ....   "   "   "   "
Miller, Joseph P............................Iowa City P. O.
Miller, Samuel J.........................   "   "   "
Miller, David J..........................   "   "   "
Miller, N. P.............................   "   "   "
Miller, Frederick........................   "   "   "
Miller, Abraham..........................   "   "   "
Marner, J. J........ *Sharon Center* —   "
Marner, Gideon.........................   —   "
Miller, Peter P............................Frank Pierce P. O.
Marner, Jonathan ....   "   "   "
Monk, John..............................   "   "   "
Meer, John, Jr..........................   "   "   "
Meer, John, Sen., (tenant)..............   "   "   "
Maske, Paul   "   ....   "   "   "
Memler, John............................   "   "   "
Marner, Gideon P., (poll)...............   "   "   "
Miller, John P...........................Sharon Center P. O.
Michael, Adam.........................Bon Accord P. O.
Meyer, John, [Estate]..................   "   "   "

UNION TOWNSHIP.

Mucha, John ....Unity P. O.
Moran, John... "   "
Moore, John F.....................................Iowa City P. O.
Morris, William W............................. "   "   "
Mayer, John.. "   "   "
Mayer, Toney...................................... "   "   "

WASHINGTON TOWNSHIP.

Miller, Benedict, Sen...........................Amish P. O.
Miller, Jonas, *(tenant)*........................ "   "
Miller, John B.,   "   .... "   "
Miller, Silas,   "   .... "   "
Miller, Christian B............................. "   "
Miller, Jacob B.................................. "   "
Miller, Christian J.............................. "   "
Miller, Daniel B................................. "   "
McInturf, D. J................................... "   "
Murphy, J. W.................................... "   "
Murphy, Jane.................................... "   "
Morgan, Roswell................................ "   "
Monk, John...................................... "   "
McKinley, Thomas............................. "   "
Mooney, Leeroy................................Frank Pierce P. O.
Murray, John.................................... "   "   "
Mulchy, Philip.................................. "   "   "
Murphy, W. S................................... "   "   "
Minared, J. F................................... "   "   "
McMillon, John................................. "   "   "
McKray, James..................................Windham P. O.
McKray, J. W................................... "   "
Meeker, Jonas................................... "   "

LUCAS TOWNSHIP.

Marling, Thomas ....Iowa City P. O.
Mathy, A... "   "   "
Muncy, J. A..................................... "   "   "
Murphy, Patrick................................. "   "   "
Mendenhall, J. J................................ "   "   "
McSperrin, P.................................... "   "   "
McCrory, Charles R............................ "   "   "
McCallister, James.............................. "   "   "
Morsman, H. E.................................. "   "   "
Miller, Adam.................................... "   "   "

LUCAS TOWNSHIP—Continued.

Murphy, Thomas F., (*poll*)..................Iowa City P. O.
McCoy, James,   "   ....   "   "   "
Muloy, John,   "   ....   "   "   "
Marling, W H.,   "   ....   "   "   "
McIver, Allen,   "   ....   "   "   "
Mouley, John,   "   ....   "   "   "
McGovern, Hugh, (*tenant*)................   "   "   "
Maher, John,   "   ....   "   "   "
Murray, William,   "   ....   "   "   "
McCombs, Albert,   "   ....   "   "   "

TOWN OF CORALVILLE.

Miller, Valentine.............................Coralville P. O.
Miller, Samuel, Sen...........................   "   "
Moore, George, Jr., [*tenant*]................   "   "
Mills, H, F.,   "   ....   "   "
McGahn, Patrick...............................   "   "
Moore, A......................................   "   "
McGinnis, John, (*poll*)......................   "   "
Moore, S. A.,   "   ....   "   "
Mills, W. D.,   "   ....   "   "

BIG GROVE TOWNSHIP.

Nicholson, Henry..............................Solon P. O.
Nichota, Frank................................   "   "
Nove, Joseph..................................   "   "
Nowatney, Wenzel..............................   "   "
Nettelsky, Joseph.............Ely P. O., Linn County.
Netobicky, Joseph, Jr.........   "   "   "   "
Newcomb, A. B., Mayor of......................Solon Town.

CEDAR TOWNSHIP.

Nolan, Thomas.................................Morse P. O.
Nolan, Thomas, Jr.............................   "   "
Nolan, James, (*tenant*)......................   "   "
Newlon, Stephen...............Lisbon P. O., Linn County.
Newton, Frank.................   "   "   "   "
Newton, Jacob.................   "   "   "   "

CLEAR CREEK TOWNSHIP.

Norris, George................................Tiffin P. O.
Nipher, Lyman.................................   "   "

FREMONT TOWNSHIP.

Nelson, Mary	Lone Tree Town.
Nelson, John	" " "
Newell, Mary M	River Junction Town.
Newell, Wm	" " "
Nelson, Stephen	River Junction P. O.

GRAHAM TOWNSHIP.

Nolan, William	Morse P. O.
Noonan, Daniel	Iowa City P. O.
Novak, Frank	" " "

JEFFERSON TOWNSHIP.

Netolesky, John	Western P. O., Linn County.
Nowatney, Joseph	Shueyville P. O.
Nestrl, Joseph	" "
Netoliska, William	Shueyville Town.

LIBERTY TOWNSHIP.

Nass, George	Bon Accord P. O.
Nass, Conrad	" " "

MADISON TOWNSHIP.

Nealy, C. C.	Tiffin P. O.

MONROE TOWNSHIP.

Nowak, Frank	Danforth P. O.
Navrarcill, John	" "
Nowark, Joseph	" "
Nowark, John, Sr.	" "
Nickwinder, Thomas	" "
Navratel, John	" "
Nowark, Joseph, Sr.	" "
Nowark, Daniel	Western P. O., Linn County.
Nowark, Florian	Amana P. O., Iowa County.
Netobetsky, John	" " "

NEWPORT TOWNSHIP.

Neider, Frank	Iowa City P. O.
Neider, Alex	" " "
Neider, Mary	" " "
Nerad, James	Solon P. O.

OXFORD TOWNSHIP.

Newark, John.................................Oxford P. O.
Nesmith, James..............................Oxford Town.
Neumayer, C. P..................................... "   "
Neuert, Henry....................................... "   "

PENN TOWNSHIP.

Northrup, John...........................North Liberty P. O.

PLEASANT VALLEY TOWNSHIP.

Nelson, George W............................Iowa City P. O.

SHARON TOWNSHIP.

Neckerman, Fred.............................Bon Accord P. O.
Niffenneger, Ulrich..........Richmond P. O., Washington Co.
Northouse, George..............   "   "   "   "

UNION TOWNSHIP.

Nenzil, Thomas...................................Unity P. O.
Nolan, James.. "   "
Norris, Thomas..................................... "   "
Nipher, Peter....................................... "   "

LUCAS TOWNSHIP.

Nelson, William............................Iowa City P. O.
Nolan, Bat... "   "   "
Newcomb, Martin, [poll]....................... "   "   "

CEDAR TOWNSHIP.

O'Connor, Jeremiah.............................Solon P. O.

FREMONT TOWNSHIP.

Ons, One E..................................Lone Tree P. O.
Ons, F. R.. "   "   "
Oaks, G. W.. "   "   "
Oberman, Carl F.................................. "   "   "
Olds, G. W... "   "   "
Olds, G. W., Jr..........................Lone Tree Town.
Owen, B. H.. "   "   "
Ogelby, Dr., John................................ "   "   "
Owen & Forbs, [Horsemen]..................... "   "   "
Owen & Allison, [Horsemen]................... "   "   "

GRAHAM TOWNSHIP.

O'Carroll, John.....................................Morse P. O.
O'Carroll, Patrick................................. "   "
O'Carroll, Thomas................................. "   "
O'Connor, Patrick.................................. "   "
O'Connell, John..................................Iowa City P. O.

HARDIN TOWNSHIP.

Oxender, Levi...................................Windham P. O.
O'Brine, William.................................. "   "
O'Neil, William................................... "   "
O'Riley, Anthony.................................. "   "
Organ, Edward....................................Oxford P. O.
O'Donnell, M...................................... "   "
O'Brine, Patrick.................................. "   "

LIBERTY TOWNSHIP.

Overholser, Jacob ....Seventy-Eight P. O.
Overholser, L. L., [tenant]....................... "   "   "

LINCOLN TOWNSHIP.

O'Leary, Timothy................................Iowa City P. O.

MADISON TOWNSHIP.

Orris, David.......................................Chase P. O.
Orris, Johnson................................North Liberty P. O.

OXFORD TOWNSHIP.

Oakes, John P....................................Oxford P. O.
Oakes, Charles.................................... "   "
Ostrercher, Fred.................................. "   "
Organ, Edward..................................... "   "
Oaks & Sherman, [Cattlemen]....................... "   "
O'Brine, Margaret...............................Oxford Town.
O'Brine, Patrick.................................. "   "
O'Brine, C. S..................................... "   "
O'Brine, John..................................... "   "
O'Neal, James..................................... "   "
O'Leney, John..................................... "   "
O'Donnal, John.................................... "   "

PENN TOWNSHIP.

Owen, Nathan..................................North Liberty P. O.
Orris, Johnson, (tenant).......................... "   "   "
Orris, Lloyd,   "   .... "   "   "
Orris, Lloyd, Jr.,   "   .... "   "   "
Owen, Henry M...................................Iowa City P. O.

PLEASANT VALLEY TOWNSHIP.

Oathout, Justus	Iowa City P. O.
Oathout, Alvy	" " "
O'Hanlon, James, Jr	" " "
Oswald, Peter	" " "

SCOTT TOWNSHIP.

Orr, Wm. V	Iowa City P. O.
Orr, Cyrus, [tenant]	" " "
Ortman, Thomas	" " "

SHARON TOWNSHIP.

Overholser, Jacob, Jr	Bon Accord P. O.

WASHINGTON TOWNSHIP.

Oldecker. Jacob G., Sr	Frank Pierce P. O.
Oldecker, Jacob G., Jr	" " "
Oldecker, James W	" " "
Oldecker, A. T	" " "
Oldecker, P. P	" " "
Oldecker, B. J	" " "
Omsler, Philip	" " "
Oswald, Leonard, [tenant]	Amish P. O.

LUCAS TOWNSHIP.

O'Donnell, Margaret	Iowa City P. O.
Overhalt, Henry D	" " "
Osborn, Geo. W., [tenant]	" " "
O'Donnell, Wm., [tenant]	" " "
O'Donnell, Margaret	" " "

TOWN OF CORALVILLE.

O'Brine, Robert	Coralville P. O.

BIG GROVE TOWNSHIP.

Paulish, John	Solon P. O.
Pratt, Charles	" "
Prohaska, Joseph	" "
Payne, Joseph L., Jr	" "
Payne, William M	" "
Payne, Evan	" "
Payne, George E., [tenant]	" "
Payne, S. W., "	" "
Paxon, N	" "
Plassal, Anthony	Ely P. O., Linn County.

BIG GROVE TOWNSHIP—Continued.

Palmer, A. H.....................Solon Town.
Palmer, C. H........................ " "
Pratt, D. A.......................... " "
Pedlechek, Joseph.................... " "
Pauba, Jacob, [Grain Dealer]......... " "
Pauba, Joseph........................ " "
Payne, Francis....................... " "
Payne, Joseph L., Sen................ " "
Pierson, John W...................... " "
Palmer, Philip, [poll]............... " "

CEDAR TOWNSHIP.

Peshek, John......................Solon P. O.
Perry, Lyman......................... " "
Pawelker, Anthony.................... " "
Paxson, Webster, [tenant]............ " "
Perry, Walter,   "   " "
Paxson, Aaron Jr., "   " "
Peshek, Mike,   "   " "
Parker, H. T.,   "   " "
Paxson, Aaron, Sen...............Morse P. O.
Peters, James........................ " "
Phillips, Thomas..........Lisbon P. O., Linn County.
Pate, Henry...................... "   "   "   "

CLEAR CREEK TOWNSHIP.

Paul, George....................Iowa City P. O.
Peel, John........................Tiffin P. O.
Plymesser, L. J..................Tiffin Town.
Posten, E. L......................... " "
Pumphrey, W. C....................... " "
Purcell, Zephaniah B................. " "
Plymesser & Douglass, (Elevator)..... " "
Prohaska, Anthony.................... " "

FREMONT TOWNSHIP.

Pepple, George J..............River Junction P. O.
Potter, S. B....................Lone Tree P. O.
Perkins, S. L........................ " " "
Petzell, Benedict.................... " " "
Percell, John, (poll)................ " " "
Pullen, Alonzo, (tenant)............. " " "
Potter, J. B......................... " " "
Penetton, Lucy....................... " " "
Patera, Anton........................ " " "

FREMONT TOWNSHIP—Continued.

Potter, W. L. .... Shoo Fly P. O.
Petzell, John .... Lone Tree Town.
Purcell, Eliza .... " " "

GRAHAM TOWNSHIP.

Peters, John .... Morse P. O.
Parsons, John .... " "
Parker, James .... " "
Pratt, William E .... Iowa City P. O.
Poland, John .... " " "
Poland, Mary .... " " "

HARDIN TOWNSHIP.

Powers, Richard .... Oxford P. O.
Powers, Edward D .... " "
Pettel, Patrick .... " "
Packard, Asby, D .... Windham P. O.
Packard, Garett H .... " "
Pomplom, August, (tenant) .... " "
Packard, L. D .... Windham Town.
Printz, George W .... " "
Printz, L. H .... " "
Printz, John .... " "

JEFFERSON TOWNSHIP.

Pudil, Wenzel .... Shueyville P. O.
Potter, Robert .... " "
Perkle, Frank J .... " "
Ploe, Vincen .... " "
Pechonets, Joseph .... " "
Petrock, Mathias .... " "
Poulas, Joseph .... " "
Pachta, Joseph .... " "
Pechinka, Frank .... Ely P. O., Linn County.

LIBERTY TOWNSHIP.

Pinney, George B .... Iowa City P. O.
Prout, N. E., [tenant] .... Seventy-Eight P. O.

LINCOLN TOWNSHIP.

Palmer, Smith C .... Lone Tree P. O.
Petzel, Joseph, (tenant) .... " " "
Page, A. L .... " " "
Parezek, Joseph .... " " "
Prizler, Norbat .... Iowa City P. O.
Peckman, John .... " " "

MADISON TOWNSHIP.

Potter, Adam........................North Liberty P. O.
Potter, Jacob W., (tenant)............   "   "   "
Plymesser, Simon, Sen................Chase P. O.
Plymesser, Simon, Jr.................   "   "
Plymesser, S. J......................Tiffin P. O.
Powell, Milly........................Chase P. O.

MONROE TOWNSHIP.

Paul, John...........................Danforth P. O.
Picel, William.......................   "   "
Propst, Charles......................   "   "
Pechinger, Joseph, (tenant)..........   "   "
Popsacel, Joseph.............Amana P. O., Iowa County.

NEWPORT TOWNSHIP.

Parasac, Mike........................Newport P. O.
Parasac, John........................   "   "
Pattera, Wenzel......................   "   "
Pholer, George.......................   "   "
Pholer, William, [poll]..............   "   "
Pattera, John........................Iowa City P. O.
Poor, Paul...........................   "   "   "
Ponandra, Charles....................   "   "   "
Pierson, John, (poll)................   "   "   "
Plasky, Frank, "   ....   "   "   "

OXFORD TOWNSHIP.

Poole, W. H..........................Oxford Town.
Patrons Joint Stock Company..........   "   "

PENN TOWNSHIP.

Pool, Thomas.........................North Liberty P. O.
Peffre, E. H.........................   "   "   "
Puterbaugh, John H., (tenant)........   "   "   "
Prize, J. Frank, " ....   "   "   "
Peracle, Joseph......................   "   "   "
Paul, W. F...........................   "   "   "
Penger, Martin.......................   "   "   "
Price, J. F..........................   "   "   "

PLEASANT VALLEY TOWNSHIP.

Plum, Abraham, (tenant)..............Iowa City P. O.
Piper, Edward........................   "   "   "
Posey, Henry.........................Morfordsville P. O.

SCOTT TOWNSHIP.

Paulus, Michael.............................	Iowa City P. O.
Parrott, John...............................	" " "
Paulus, John................................	" " "
Pickering, L. B.............................	" " "
Pinney, Azariah.............................	" " "
Pinney, James A.............................	" " "
Pinney, Horace B............................	" " "
Pinney, Henry G., (poll)....................	" " "
Pinney, Harriet B...........................	" " "
Price, Aaron C..............................	" " "
Pickering, James, (tenant)..................	" " "
Pinney, Lester, "	" " "
Perharka, A., "	" " "

SHARON TOWNSHIP.

Petersheim, John............................	Frank Pierce P. O.
Petersheim, Jacob, [tenant].................	" " "
Prichard, Daniel............................	" " "
Plank, John L...............................	Sharon Center P. O.
Pielzer, John...............................	Bon Accord P. O.

UNION TOWNSHIP.

Price, David H..............................	Iowa City P. O.
Price, David R..............................	" " "
Prohaska, Adam..............................	Unity P. O.

WASHINGTON TOWNSHIP.

Patterson, Bruce............................	Frank Pierce P. O.
Popham, Richard.............................	" " "
Palmer, J. L................................	" " "
Palmer, A. L................................	" " "
Palmer, S. C................................	" " "
Palmer, J. R., (tenant).....................	" " "
Palmer, Sarah, "	" " "
Pfeil, Christian............................	Amish P. O.
Patterson, Ad., (tenant)....................	Windham P. O.
Perry, E. B., "	" " "
Penrold, Peter, "	" " "

LUCAS TOWNSHIP.

Parsons, Lyman..............................	Iowa City P. O.
Purdy, W. A.................................	" " "
Patterson, Margery..........................	" " "
Peat, Morris................................	" " "
Peat, Spencer E., (poll)....................	" " "

LUCAS TOWNSHIP—Continued.

Parrott, Andrew............................Iowa City P. O.
Parrott, Mary L............................   "   "   "
Patterson, S. Willard, (tenant)............   "   "   "
Potter, Isaac,   "   .... "   "   "

TOWN OF CORALVILLE.

Price, W. H...............................Coralville P. O.

CLEAR CREEK TOWNSHIP.

Quinland, Patrick, (poll)..................Tiffin P. O.

GRAHAM TOWNSHIP.

Quinland, John, (tenant) ....Iowa City P. O.

HARDIN TOWNSHIP.

Quinland, Patrick..........................Oxford P. O.

JEFFERSON TOWNSHIP.

Quinn, Thomas, (tenant)....................Shueyville P. O.

OXFORD TOWNSHIP.

Quinn, Mary................................Oxford Town.

WASHINGTON TOWNSHIP.

Quinn, M ....Frank Pierce P. O.

BIG GROVE TOWNSHIP.

Rheinhart, Erhart..........................Solon P. O.
Rubish, Anton.............................. "   "
Reif, Adam................................. "   "
Reif, Charles, (tenant).................... "   "
Ronek, John   "   .... "   "
Rhorbacker, Christ......................... "   "
Randal, David.............................. "   "
Randal, L. T............................... "   "
Robinson, James............................ "   "
Rhorig, Jacob.............................. "   "
Reinholtz, Jacob........................... "   "
Robinson, Jane............................. "   "
Ronek, Wodak............................... "   "
Rohibacker, Daniel......................... "   "
Rohibacker, M. A., (poll).................. "   "
Rusheck, John.............................. "   "
Riddle, Frank..............Ely P. O., Linn County.
Rogers, Sarah..............................Solon Town.

CEDAR TOWNSHIP.

Rubesh, Anne	Solon P. O.
Rushek, Joseph	" "
Rinhans, John	" "
Runion, James	" "
Riot, Joseph	" "
Rohrig, John	" "
Rinehart, F. D., *(tenant)*	" "
Rinehart, L. H., "	" "
Ryan, John, "	" "
Rorig, Peter, "	" "
Runion, William "	" "
Recovena, John, *(poll)*	" "
Ryan, James	Morse P. O.
Ryan, Thomas	Lisbon P. O., Linn County.
Riddle, John S	" " " "

CLEAR CREEK TOWNSHIP.

Reynolds, Charles	Tiffin P. O.
Richardson, Philip	" "
Rogers, R. M	" "
Ramsey, William	" "
Reynolds, N. H	" "
Reynolds, W. Y., *(tenant)*	" "
Reynolds, James, "	" "
Reynolds, B. W., "	" "
Reynolds, J. P., "	" "
Russell, George	" "
Russell, Esan	" "
Rogers, R. M	Tiffin Town.
Reynolds, J. H	Iowa City P. O.

FREMONT TOWNSHIP.

Rubbeman, Andrew	Shoo Fly P. O.
Ritchey, N. B	Lone Tree P. O.
Robinson, James	" " "
Ransch, Jacob	" " "
Riley, George, *(tenant)*	" " "
Reed, C. C., "	" " "
Rayner, Joseph	" " "
Reed, Anna	" " "
Rouan, Mary	" " "
Rouan, William	" " "
Richey, Mary Ann	" " "

FREMONT TOWNSHIP—Continued.

Rayner, Joseph, Jr.	River Junction P. O.
Rollens, Thomas, (*tenant*)	" " "
Ritter, J. D., "	" " "
Ransh, Adam, "	" " "
Rayner, Frank, "	" " "
Reppert, Lewis, "	" " "
Reppert, E. L., "	" " "
Ritchey, Leonard	Lone Tree Town.
Roberts, Anna D	" " "
Rigg, J.	" " "

GRAHAM TOWNSHIP.

Ryan, James	Morse P. O.
Rice, George	Morse Town.
Robotham, Charles	Oasis P. O.
Riley, Michael	Iowa City P. O.

HARDIN TOWNSHIP.

Reagan, Charles	Oxford P. O.
Reynolds, Patrick	Windham P. O.
Reynolds, John	" "
Roberts, S. W	" "
Roberts, Levi	" "
Rogers, Catharine	" "
Richards, Charles T	" "
Row, John A	" "

JEFFERSON TOWNSHIP.

Roushar, Joseph .... Shueyville P. O.

LIBERTY TOWNSHIP.

Ruppenkamp, Joseph	Seventy-Eight P. O.
Rummelhart, F. X	" " "

LINCOLN TOWNSHIP.

Rogers, John, [*tenant*]	Iowa City P. O.
Ragan, Patrick	" " "
Roberts, Samuel	" " "
Rossman, Peter	Lone Tree P. O.
Richardson, John	" " "
Rimer, John, [*tenant*]	" " "
Russell, G., "	" " "
Reed, William N	Downey P. O., Cedar County.

MADISON TOWNSHIP.

Roup, A. J..Chase P. O.
Roberts, William.. "   "
Roberts, Elizabeth.. "   "
Roberts, Charles, (tenant).................................. "   "
Roberts, Daniel P... "   "
Reinhart, Alexander... "   "
Riley, C. M...North Liberty P. O.
Robertson, Jeremiah, [tenant]............ "   "   "
Robertson, John L..................................Tiffin P. O.
Robertson, George... "   "
Robertson, Benton W., (tenant).............................. "   "
Renshaw, John... "   "

MONROE TOWNSHIP.

Rozek, Joseph......................Amana P. O., Iowa County.
Rutter, Joseph, [tenant]............ "   "   "   "
Riha, John.......................... "   "   "   "
Ruckle, Thomas, [tenant].......................Danforth P. O.
Reed, Charles,   "   .... "   "
Ronshar, Frank.. "   "
Raymond, Wesley................Western P. O., Linn County.

NEWPORT TOWNSHIP.

Rohrick, George...................................Solon P. O.
Rossler, C. S... "   "
Rohrick, Henry.. "   "
Rok, Wenzen...................................Iowa City P. O.
Reha, John.. "   "   "
Rentz, Conrad, (poll)....................................... "   "   "
Rohrbecker, Daniel.. "   "   "
Ranner, John..................................Newport, P. O.

OXFORD TOWNSHIP.

Read, Charles J.................................Oxford P. O.
Rourk, Thomas... "   "
Rude, Thaddeus.. "   "
Riddle, Frank... "   "
Rentz, Bernard.................................Oxford Town.
Rentz, George, [Merchant]................................... "   "
Rogers, Alonza.. "   "
Rapp, Rozanna... "   "
Rapp, Jacob... "   "

OXFORD TOWNSHIP—Continued.

Rawlins, G. W..Oxford Town.
Riddle, Henry..   "   "
Redfield, J. A. & Co..   "   "
Rawlins, Mrs. V., [Millinery]...............................   "   "

PENN TOWNSHIP.

Riley, William..Iowa City P. O.
Runyan, Asa G..North Liberty P. O.
Russell, William..   "   "   "

PLEASANT VALLEY TOWNSHIP.

Read, John...Iowa City P. O.
Ruth, Alexander..   "   "   "
Rarick, Abraham A..   "   "   "
Reed, Thomas...   "   "   "
Ritter, Benjamin...   "   "   "
Riha, Stephen..   "   "   "
Riley, Ann...   "   "   "
Richards, J. W...Morfordsville Town.

SCOTT TOWNSHIP.

Rundall, Leroy...Iowa City P. O.
Reagle, Philip...   "   "   "
Rupert, August...   "   "   "
Rupert, J. M...   "   "   "
Razel, George..   "   "   "
Rigg, Joe L..   "   "   "
Riley, Edward..   "   "   "
Robertson, Horace...........West Branch P. O., Cedar County.
Rummel, Henry..............Downey P. O., Cedar County.

SHARON TOWNSHIP.

Ressler, Gottleb...Iowa City P. O.
Ressler, Jacob J...   "   "   "
Roberts, John E..   "   "   "
Roberts, John R., (poll)...................................   "   "   "
Roberts, John W., (tenant).................................   "   "   "
Rawlins, Albert,   "   ....   "   "   "
Roberts, Evan..   "   "   "
Ratzlaff, Ferninand..   "   "   "
Rasted, D., [poll]...Frank Pierce P. O.
Rhoade, Joseph, (tenant)...................................Sharon Center P. O.
Rhode, Daniel,   "   ....   "   "   "

SHARON TOWNSHIP—Continued.

Rhode, David, (tenant) ....Sharon Center P. O.
Rhode, Joseph,   "   .... "   "   "
Rhode, Jacob P......................... "   "   "
Rhode, John, Sen........................... "   "   "
Rhode, John, Jr., [poll]..................... "   "   "
Richter, John.................................Bon Accord P. O.
Richter, Frank, (tenant)....................... "   "   "
Richter, John, Jr.,   "   .... "   "   "

UNION TOWNSHIP.

Rohrett, Jacob.................................Windham P. O.
Rohrett, George................................Iowa City P. O.
Rohrett, Adam................................. "   "   "
Rohrett, Peter................................. "   "   "
Richardson, R. J............................... "   "   "
Reese, Rowland................................ "   "   "
Reese, John J.................................. "   "   "
Rowlands William J............................ "   "   "
Roberts, W. T.................................. "   "   "

WASHINGTON TOWNSHIP.

Roup, Robert..................................Windham P. O.
Roup, Edsel...................................Amish P. O.
Reber, John, [Estate]......................... "   "
Rusking, Robert............................... "   "
Rider, Anthony................................ "   "
Reber, Christian...............................Frank Pierce P. O.
Reber, David................................... "   "   "
Ricker, Jacob.................................. "   "   "
Ricker, Henry, (tenant)........................ "   "   "
Rogers, Daniel F..........Richmond P. O., Washington County.

LUCAS TOWNSHIP.

Reineke, Joseph...............................Iowa City P. O.
Ryan, Mortimore............................... "   "   "
Russell, R. R................................... "   "   "
Rowley, Joana................. .... "   "   "
Rice, Mary A .... "   "   "
Razee, Richard................................. "   "   "
Robinson, Levi................................. "   "   "
Robinson, James T............................. "   "   "
Ryerson, G. M................................. "   "   "
Ryerson, Charles H............................. "   "   "

LUCAS TOWNSHIP—Continued.

Ryerson & Son, [Millers]......................Iowa City P. O.
Rutan, William............................. "   "   "
Russell, Patrick, (tenant)...................... "   "   "
Rife, P. A.,   "   .... "   "   "
Ryan, John F.,   "   .... "   "   "

TOWN OF CORALVILLE.

Rink, C. A...................................Coralville, P. O.
Robinson, C. E............................. "   "

BIG GROVE TOWNSHIP.

Straddesky, Frank..............................Solon P. O.
Stephens, Joseph........................... "   "
Shaub, Charles............................. "   "
Stiles, Mary............................... "   "
Scorpal, John.............................. "   "
Shima, Joseph.............................. "   "
Schuckel, Frank............................ "   "
Stehle, Jacob.............................. "   "
Shircliff, Lewis............................ "   "
Stehle, A. W............................... "   "
Sleibitz, Adam............................. "   "
Sour, Wenzel............................... "   "
Stapanek, James............................ "   "
Shima, Joseph, Sen......................... "   "
Schelly, Fred.............................. "   "
Sabalky, Charles........................... "   "
Shuck, W. A., (tenant)..................... "   "
Sentman, David, "   .... "   "
Sie, Godlip, [Estate]....................... "   "
Studt, J. C................................ "   "
Scorpick, Charles, (poll).................. "   "
Smith, Robert.......................Ely P. O., Linn County.
Smith, Thomas, (tenant)................. "   "   "   "
Statzer, Rudolph....................... "   "   "   "
Stult, Jacob, [Merchant]....................Solon Town.
Snepbarger, John........................... "   "
Schley, Henry.............................. "   "
Swafford, A. C............................. "   "
Shebeck, Frank............................. "   " .
Shircliff, M. S............................. "   "
Shircliff, M. S. & Co., [Merchants]................ "   "

CEDAR TOWNSHIP.

Serovi, Joseph, Sen....................................Solon P. O.
Serovi, Joseph, Jr.................................... " "
Stokel, Frank... " "
Soverhill, James M.................................... " "
Smootria, Anthony..................................... " "
Stoffer, Enoch.. " "
Sutliff, H. S... " "
Swafford, J. B.. " "
Swafford, J. B., Jr., (tenant)........................ " "
Swafford, L. G.,   "   " "
Swafford, Nathan,   "   " "
Swafford, John,   "   " "
Shneiberger, Peter.................................... " "
Sargent, Cyrus.. " "
Sargent, A. B... " "
Spurrier, Samuel...................................... " "
Stehle, Anthony....................................... " "
Stehle, Eugene.. " "
Sutliff, Homer F...................................... " "
Sutliff, M. S... " "
Swafford, Julius S.................................... " "
Shima, Joseph...Morse P. O.
Steffey, Isaac, Sen..............Lisbon P. O., Linn County.
Steffey, Isaac, Jr., (tenant)........   "   "   "   "
Stanley, Stephen,   "   "   "   "   "
Slater, Samuel,   "   "   "   "   "
Sutliff, M. S..................Cedar Rapids P. O., Linn County.

CLEAR CREEK TOWNSHIP.

Springmyer, Henry J...................................Tiffin P. O.
Shepardson, J. J...................................... " "
Slaght, Charles P..................................... " "
Summerhays, John, Jr., (tenant)....................... " "
Simpson, Robert,   "   " "
Summerhays, Edward,   "   " "
Simpson, W.,   "   " "
Slaght, Hannah,   "   " "
Stibler, Jacob,   "   " "
Summerhays, Robert,   "   " "
Springmire, Joseph A., "   " "
Slaght, Frederick, (poll)............................. " "
Shay, John,   "   " "
Sukup, Frank,   "   " "

CLEAR CREEK TOWNSHIP—Continued.

Summerhays, John......................................Tiffin P. O.
Springmire, Henry......................................   "   "
Stickler, Edward, [Woolen Mills]...............Iowa City P. O.
Shay, Thomas..   "   "   "
Scales, Nathan...   "   "   "
Scales, N. W..   "   "   "
Shay, Thomas, Jr., (poll)..........................   "   "   "
Snyder, John..Tiffin Town.
Snyder, J. K..   "   "
Stinger, Rufus C.......................................   "   "
Stinger, William.......................................   "   "

FREMONT TOWNSHIP.

Smith, James M......................................Lone Tree P. O.
Smith, George E......................................   "   "   "
Swink, Henry...   "   "   "
Swink, Miner...   "   "   "
Swink, George..   "   "   "
Swink, Margaret ....   "   "   "
Swink, Minnie..   "   "   "
Swink, Stewart...   "   "   "
Saunders, George W.................................   "   "   "
Sweet, Caleb ....   "   "   "
Sullivan, J. H...   "   "   "
Sullivan, Timothy, Sen..............................   "   "   "
Sullivan, Timothy, Jr................................   "   "   "
Steel, Abraham F.....................................   "   "   "
Stonebarger, Mrs. Jacob...........................   "   "   "
Stonebarger, Albert..................................   "   "   "
Stonebarger, Frank ....   "   "   "
Swank, Rebecca.......................................   "   "   "
Swank, Robert..   "   "   "
Shepherd, Samuel N., (tenant)..................   "   "   "
Smith, David M.......................................Shoo Fly P. O.
Steel, John W..   "   "   "
Shan, William F.......................................   "   "   "
Salsburry, Henry.....................................River Junction P. O.
Sweet, William..   "   "   "
Shepherd, W. C.......................................   "   "   "
Shepherd, C...   "   "   "
Shepherd, Hannah....................................   "   "   "
Sweet, Lydia ....   "   "   "
Selman, James...Lone Tree Town.

GRAHAM TOWNSHIP.

Schaich, John W .... Morse P. O.
Schaich, George.................................... " "
Spinden, Peter..................................... " "
Spinden, Samuel.................................... " "
Strawbridge, J. K.................................. " "
Strawbridge, R. A.................................. " "
Spain, Frederick, (tenant)......................... " "
Schaich, Leonard................................... " "
Swift, Sarah....................................... " "
Stick, Casper...................................... Morse Town.
Schaick, John...................................... " "
Stiff, J. M.. " " .
Stockbridge, Salena................................ " "
Sullivan, Henry.................................... Iowa City P. O.
Sullivan, John..................................... " " "
Strahl, Daniel..................................... " " "
Strahl, Mark....................................... " " "
Schmidt, John...................................... " " "
Smith, Sarah Ann................................... Oasis P. O.
Stewart, William H................................. " "
Smith, Zachariah................................... " "
Stewart, Rachael................................... " "
Smith, John.. " "

HARDIN TOWNSHIP.

Stimmel, A. H...................................... Windham P. O.
Stimmel, Samuel.................................... " "
Stimmel, C. W...................................... " "
Spare, R. P.. " "
Shulthise, John.................................... " "
Stockman, M. W..................................... " "
Shafer, D. M....................................... " "
Speigle, George.................................... " "
Swartz, Louis...................................... " "
Slater, Owen....................................... " "
Slater, Michael.................................... " "
Shafer, Frank, (tenant)............................ " "
Seivers, D. K...................................... " "
Smith J. W... Windham Town.
Selby, Austin...................................... " "
Smith, J. W. & Packard, M. F., [Merchants]......... " "
Sullivan, Patrick.................................. Oxford P. O.
Springmier, Joe.................................... " "

HARDIN TOWNSHIP—Continued.

Smith, Philip	Oxford P. O.
Saxton, D. H.	" "
Smith, Andrew	" "
Shannahan, Tim. N.	" "

JEFFERSON TOWNSHIP.

Splihal, Frank	Shueyville P. O.
Staunchfeld, Ezra	" "
Sulek, Frank	" "
Swisher, Benjamin	" "
Swisher, Frank	" "
Scaba, J	" "
Swedesky, Frank	" "
Swets, Frank	" "
Splihal, Joseph	" "
Stronsky, John	" "
Slanana, Joseph	" "
Soukups, Mathew	" "
Skala, Wenzel	" "
Saufal, Joseph	" "
Strang, James B.	" "
Steponeck, Joseph	" "
Snedesky, Frank	" "
Shimbersky, Frank	" "
Skala, Joseph, (tenant)	" "
Skerzick, Mike, "	" "
Suitil, Frank, "	" "
Strausky, Vincent	" "
Swedesky, Frank, Jr	" "
Silvers, David E.	" "
Shimbersky, Joseph	" "
Shigh, Katie	" "
Starichfield, Ezra	Shueyville Town.
Stanchfield, J. R.	" "
Sherzak, Mathias	Ely P. O., Linn County.

LIBERTY TOWNSHIP.

Smith, Adison	Bon Accord P. O.
Smith, Charles	" " "
Strable, Erhart	" " "
Schaff, George	" " "
Siler, Charles	South Liberty, " " "
Snyder, Peter	" " " " "

LIBERTY TOWNSHIP—Continued.

Stagg, Sterling.................................Seventy-Eight P. O.
Saunders, John............................   "   "   "
Singleton, J. T., (tenant,)....................Iowa City P. O.
Stover, Jerry..............................   "   "   "
Seacor, Justus.............................   "   "   "
Smith, Isaac...............................   "   "   "
Switzer, David.............................   "   "   "
Switzer, J. C..............................   "   "   "
Switzer, Joshua P..........................   "   "   "
Shafer, John M.............................   "   "   "
Singleton, Loxey...........................   "   "   "
Streebin, Christian........................   "   "   "
Switzer, Elizabeth.........................   "   "   "
Schum, Joseph J...........Riverside P. O., Washington County.
Strabe, Conrad.............   "   "   "   "
Schum, Joseph, Jr., (tenant)..   "   "   "   "
Strabe, Conrad, Jr., [poll]...   "   "   "   "

LINCOLN TOWNSHIP.

Steyeart, Jerome, [tenant].....................Iowa City P. O.
Statfenfeil, John,   "   .... "   "   "
Shiland, Albert............................   "   "   "
Slaby, Ann.................................   "   "   "
Shephard, Charles..............................Lone Tree P. O.
Sivers, Hans...............................   "   "   "
Stock, John................................   "   "   "
Shissler, Michael..........................   "   "   "
Stamp, Henry, [tenant].....................   "   "   "

MADISON TOWNSHIP.

Stoner, John..................................North Liberty P. O.
Stoner, William H., (tenant)...............   "   "   "
Stoner, M. F.,   "   ....   "   "   "
Stoner, Michael,   "   ....   "   "   "
Stoner, D. F...............................   "   "   "
Skinner, David M., [tenant]................   "   "   "
Shupator, Frank,   "   ....   "   "   "
Stake, Samuel..............................   "   "   "
Shimp, William.............................   "   "   "
Stouffer, S. R.............................   "   "   "
Stoner, Cyrus..............................   "   "   "
Stouffer, H. P.............................   "   "   "

MADISON TOWNSHIP—Continued.

Snavely, M. F...Chase P. O.
Sherman, James... " "
Sherman, John.. " "
Shubert, John.. " "
Stranskey, Joseph... " "
Skinner, John, (poll)..................................... " "
Snavely, John..Tiffin P. O.
Snavely, W. H... " "
Shupator, Francis H....................................... " "

MONROE TOWNSHIP.

Swaba, Frank..Danforth P. O.
Slaugher, Anton.. " "
Slazak, Adolph, (tenant)............................... " "
Serbousek, Ignatz... " "
Sagar, Linus... " "
Sagar, Sims.. " "
Sedlareck, Frank,]tenant].......................... " "
Sedlareck, John, "   " "
Schlueter, U. J.. " "
Smikel, Anna.. " "
Slazak, John, [Estate].................................. " "
Shedefa, Frank... " "
Smikle, Wesley... " "
Sexton, James.. " "
Sargent, Ephraim... " "
Sargent, Dianthus... " "
Sedlareck, John, Sen.................................... " "
Sedlareck, John, Jr......................Western P. O., Linn County.
Swobada, John............................Amana, P. O., Iowa County.

NEWPORT TOWNSHIP.

Strube, Joseph..Newport P. O.
Strube, Conrad, (poll)................................... " "
Spilman, Sooter.. " "
Stebroe, Frank.. " "
Simon, Casper.. " "
Shilhorn, Frank...Solon P. O.
Steenbrick, Gahart....................................... " "
Slabby, Antony... " "
Shartf, Henry.. " "
Stock, Joseph... " "

NEWPORT TOWNSHIP—Continued.

Stewart, Alexander................................Iowa City P. O.
Sullivan, Henry................................... "   "   "
Smith, John....................................... "   "   "
Smith, Mary....................................... "   "   "
Sedlachick, Frank................................. "   "   "
Sedlachick, Frank, Jr............................. "   "   "

OXFORD TOWNSHIP.

Stratton, James...................................Oxford P. O.
Seberthy, Frank................................... "   "
Smith, Adam, (tenant)............................. "   "
Scott, John....................................... "   "
Schornborne, Joseph............................... "   "
Saxton, L. C...................................... "   "
Shehan, Timothy................................... "   "
Seis, W. F.. "   "
Spillance, John................................... "   "
Scanlon, John..................................... "   "
Speers, Robert.................................... "   "
Sherman, E. A..................................... "   "
Swanson, August................................... "   "
Shirk, Daniel..................................... "   "
Saxton, Walter R.................................. "   "
Shuptera, M. & J.................................. "   "
Seydell, J. Milton................................ "   "
Stoffer, Sarah....................................Oxford Town.
Staley, H. C...................................... "   "
Samons, Timothy................................... "   "
Samons, Frank..................................... "   "
Summerhays, Geo. S., (Druggist)................... "   "
Summerhays, William............................... "   "
Schaffer, Jonathan................................ "   "
Spillane, Timothy, [Grocer]....................... "   "
Sherlock, Thomas H................................ "   "
Sherlock, William................................. "   "
Shannahan, Dennis................................. "   "
Sage, J. E.. "   "
Sage, L. L.. "   "
Sibble, Henry..................................... "   "
Saxton Bros. [Livery]............................. "   "
Saxton, John...................................... "   "
Saxton, Walter R.................................. "   "
Seis, F. W., [Merchant]........................... "   "

OXFORD TOWNSHIP—Continued.

Sherlock, Thomas, Sen.........................Oxford Town.
Sherman Bros...................................   "   "
Seis, Charles & John, [Livery]..................   "   "
Saxton, Daniel H................................   "   "

PENN TOWNSHIP.

Stetzel, George.............................North Liberty P. O.
Stewart, Dr., David.........................   "   "   "
Stoufer, J. C...............................North Liberty Town.
Snyder, S. S................................   "   "   "
Stewart, Robert.............................   "   "   "
Smith, G. J.................................   "   "   "
Sefoggal, Henry.............................Iowa City P. O.
Sedawace, Joseph............................   "   "   "

PLEASANT VALLEY TOWNSHIP.

Snepple, Nicholas...........................Iowa City P. O.
Spencer, Robert O., (tenant)................   "   "   "
Snepple, John,   "   ....   "   "   "
Shepherd, Albert,   "   ....   "   "   "
Stevens, James..............................   "   "   "
Smith, Martin...............................   "   "   "
Stratton, Francis A.........................   "   "   "
Smith, Melvin...............................Morfordsville Town.
Smith, Oliver, (tenant).....................River Junction P. O.
Smith, Franklin,   "   ....   "   "   "

SCOTT TOWNSHIP.

Stevenson, John A...........................Iowa City P. O.
Smith, Charles E............................   "   "   "
Struble, John T.............................   "   "   "
Skay, Edward................................   "   "   "
Smith, Robert B.............................   "   "   "
Smith, Robert...............................   "   "   "
Slemmons, J. W..............................   "   "   "
Slemmons, M. G..............................   "   "   "
Stagg, Thomas...............................   "   "   "
Schissler, Adam, [tenant]...................   "   "   "
Stegart, Charles,   "   ....   "   "   "
Sweeney, Alex,   "   ....   "   "   "
Scollard, William...........................   "   "   "
Strahl, Eli.................................   "   "   "
Schell, Rev. J. B...........................   "   "   "

SCOTT TOWNSHIP—Continued.

Stevenson, James A., [poll].................Iowa City P. O.
Stagg, Samuel,   "   "   "   "
Stevenson, John S.,   "   "   "   "
Smith, John ....Oasis P. O.
Seaman, Daniel..................Downey P. O., Cedar County.
Secrests, Joshua H................   "   "   "   "

SHARON TOWNSHIP.

Shetler, Joseph D...........................Amish P. O.
Shrock, Benjamin...............................   "   "
Stutzman, Yost..........................Sharon Center P. O.
Stutzman, E. C...............................   "   "   "
Sergling, Christopher.........................   "   "   "
Schwemley, Adam...............................   "   "   "
Schwemley, Adam, Jr..........................   "   "   "
Swartzendruber, Fred..........................   "   "   "
Swartzendruber, J. F., (tenant)...............   "   "   "
Shrader, James,   "   ....   "   "   "
Shrader, John,   "   ....   "   "   "
Shrock, John,   "   ....   "   "   "
Sunberg, Henry,   "   ....   "   "   "
Stickler, Joshua..............................   "   "   "
Stickler, Henry, Estate.......................   "   "   "
Shrader, Christian............................   "   "   "
Shrader, [Barbary.............................   "   "   "
Snyder, Peter, Jr.............................   "   "   "
Steinbrener, Margaret.........................   "   "   "
Scurlock, Eliza J.............................   "   "   "
Scurlock, Henry...............................   "   "   "
Scurlock, Harrison............................   "   "   "
Scurlock, William.............................   "   "   "
Scurlock, Clinton.............................   "   "   "
Scurlock, Minty M.............................   "   "   "
Scurlock, Jacob...............................   "   "   "
Sass, William, [poll].........................   "   "   "
Schwemley, Peter..............................   "   "   "
Stutzman, Joseph.........................Frank Pierce P. O.
Shaffer, John.................................   "   "   "
Shrock, Henry, (tenant).......................   "   "   "
Shrock, Christian, [poll].....................   "   "   "
Slater, Owen..................................   "   "   "
Swenzon, Nels.................................   "   "   "
Schrock, Christian, Estate....................   "   "   "

SHARON TOWNSHIP—Continued.

Schrock, Noah, [tenant]..................Frank Pierce P. O.
Schrock, Aaron,   "   "   "   "
Stutzman, J. J.,   "   ...Sharon Center ~~Iowa City~~ P. O.
Stutzman, M. J.,   "   "   "   "
Stickler, Elias..................Iowa City   "
Stickler, George B......................Bon Accord P. O.
Schlichter, John..............River Side P. O., Washington Co.
Schlichter, Samuel............ "   "   "   "   "
Schlichter, Amos, [tenant].... "   "   "   "   "
Schlichter, Henry, (poll)..... "   "   "   "   "
Simonton, T. J................ "   "   "   "   "
Simonton, David............... "   "   "   "   "
Simonton, John W.............. "   "   "   "   "
Snere, Cunish................. "   "   "   "   "
Stickler, Samuel..............Middleburg P. O., Washington Co.
Snyder, Peter.................Richmond P. O., Washington Co.
Snyder, Hester................ "   "   "   "   "
Smith, F. C................... "   "   "   "   "

UNION TOWNSHIP.

Sheetz, Jacob...........................Unity P. O.
Snyder, Joseph.......................... "   "
Seelman, Conrad......................... "   "
Smith, John............................. "   "
Seelman, Jacob P........................ "   "
Sehorn, Elizabeth.......................Iowa City P. O.
Schnare, William........................ "   "
Smith, Frederick........................ "   "
Sounder, Peter, [tenant]................ "   "

WASHINGTON TOWNSHIP.

Selby, John W..........................Frank Pierce P. O.
St. John, Andrew J..................... "   "   "
Stevens, Garrett W..................... "   "   "
Swin, Jacob, (tenant).................. "   "   "
Smith, William F....................... "   "   "
Smith, Albert, [poll].................. "   "   "
Swartzendruber, Joseph.................Amish P. O.
Swartzendruber, George................. "   "
Swartzendruber, Samuel, [tenant]....... "   "
Swartzendruber, C. J................... "   "
Swartzendruber, Christian C............ "   "
Swartzendruber, Peter.................. "   "

WASHINGTON TOWNSHIP—Continued.

Swartzendruber, Joel, *(poll)*.......................Amish P. O.
Schomberg, J. M................................ " "
Shaver, Philip E................................ " "
Shaver, Daniel K................................ " "
Smler, George................................... " "
Smler, Conrad, *(tenant)*....................... " "
Schetler, Daniel, " .... " "
Schettles, Daniel................................ " "
Schlabaugh, Elizabeth........................... " "
Schlabaugh, C. C................................ " "
Solomon, Oscar.................................. " "
Summers, John............Richmond P. O., Washington County.
Snyder, Corby............ " " " "
Snyder, Warren........... " " " "
Snyder, Morrison, [*tenant*].. " " " "
Smith, William G......... " " " "

LUCAS TOWNSHIP.

Stevenson, Sarah............................Iowa City P. O.
Stevenson, John D......................... " " "
Stewart, Sarah............................. " " "
Stewart John E............................ " " "
Stritmatler, N............................. " " "
Smiley, John............................... " " "
Smith, Cary B.............................. " " "
Seydell, Martin, *(tenant)*................ " " "
Sheets, Allison, " .... " " "
Sangster, Frank, " .... " " "
Sterrett, Wm., " .... " " "
Sweding, John, " .... " " "
Spaight, Henry, " .... " " "
Seeman, F. Z., " .... " " "
Stevens, Jabes............................. " " "
Seymore, E. T.............................. " " "
Seymore, Frank E., *(poll)*................ " " "
Sanders, Euclid, " .... " " "
Stevens, John D., " .... " " "
Scott, Wm., " .... " " "
Smith, Wm., " .... " " "
Sanders, Cyrus............................. " " "
Sanders, Richard B......................... " " "
Sanders, Horace............................ " " "
Stover, Jacob Y............................ " " "

LUCAS TOWNSHIP—Continued.

Smith, R. A................................Iowa City P. O.
Sperry, J. G .... "   "   "
Stevens, Abe..................................... "   "   "
Sangster, E...................................... "   "   "
Stapleton, David.................................. "   "   "
Smith, Michael.................................... "   "   "

BIG GROVE TOWNSHIP.

True, James K....................................Solon Town.
Templeman, L..................................... "   "
Terka, Anna...................................... "   "
Thompson, Thomas................................. "   "

CEDAR TOWNSHIP.

Thompson, L. H................................Solon P. O.
Thompson, S. W., *(tenant)*...................... "   "
Trester, William................................. "   "
Turner, John E.................Lisbon P. O., Linn County.

CLEAR CREEK TOWNSHIP.

Tantlinger, Perry............................Tiffin P. O.

FREMONT TOWNSHIP.

Trobridge, J. M........................River Junction P. O.
Trobridge, J. H., *[tenant]*............... "   "   "
Tantlinger, John........................Lone Tree P. O.
Tilton, Lucinda.........................Lone Tree Town.
Trimball, Joseph............................. "   "   "

GRAHAM TOWNSHIP.

Thompson, W. W..............................Oasis P. O.
Thompson, Ezra.................................. "   "
Thompson, John H................................ "   "
Thompson, William A., *[tenant]*................ "   "
Tongate, Charles,   "   .... "   "
Taylor, John.................................... "   "
Tengren, Mathew, *(tenant)*..................Morse P. O.

JEFFERSON TOWNSHIP.

Toman, Joseph............................Shueyville P. O.
Turechek, Mathias............................... "   "
Thomash, Anthony................................ "   "
Tepkosh, Joseph................................. "   "
Turechek, Frank, *[tenant]*..................... "   "
Tromdthy, John.................................. "   "

LIBERTY TOWNSHIP.

Trip, John, (tenant)......................Bon Accord P. O.
Trip, O. L., (poll)....   "   "   "
Trip, W. W.,   "   "   "   "

LINCOLN TOWNSHIP.

Thompson, S. H...............................Iowa City P. O.
Trimble, Enoch...............................Lone Tree P. O.
Trimble, Francis M., [tenant]................. "   "   "
Trimble, Enoch F., (poll)..................... "   "   "
Trimble, Uriah,   "   "   "   "
Trimmerman, William........................... "   "   "
Tharp, Lee....................Downey P. O., Cedar County.
Tharp, Thomas, [tenant]........   "   "   "   "

MADISON TOWNSHIP.

Tomash, Joseph, (tenant)....................North Liberty P. O.
Toohey, Cornelius........................... "   "   "
Tyler, Henry B..............................Chase P. O.

MONROE TOWNSHIP.

Thorn, Graham...............................Shueyville P. O.
Tomas, Joseph............................... "   "
Tehel, Joseph, [poll].......................Danforth P. O.

NEWPORT TOWNSHIP.

Tinter, Anton..............................Newport P. O.

OXFORD TOWNSHIP.

Titus, Star................................Oxford P. O.
Thompson, Robert........................... "   "
Taylor, Thomas............................. "   "
Tomash, Charles............................ "   "
Tranter, John, Jr.......................... "   "
Tranter, John, Sen......................... "   "
Tice, J. A. L..............................Oxford Town.
Tuttle, Charles............................ "   "
Templeman, J. N............................ "   "
Titus, Frank A............................. "   "
Tuttle, Charles............................ "   "
Talbott, Abraham........................... "   "

PENN TOWNSHIP.

Talbott, T. J..............................North Liberty Town.

PLEASANT VALLEY TOWNSHIP.

Taylor, Robert, [tenant].......................Iowa City P. O.

SCOTT TOWNSHIP.

Townsend, David M., [Estate]..................Iowa City P. O.
Ten Eick, Nathan................................ " " "
Ten Eick, William P............................. " " "
Townsen, Albert, (tenant)....................... " " "
Thompson, Resin..............West Branch P. O., Cedar County.
Thompson, W. W..............Downey P. O., Cedar County.

SHARON TOWNSHIP.

Tucker, James...............................Bon Accord P. O.
Tucker, John, (tenant)......................... " " "
Tucker, Alson, " .... " " "
Troyer, Levi...............................Sharon Center P. O.
Trepto, William, (poll)........................ " " "
Troyer, Noah J............Richmond P. O., Washington County.
Troyer, Andrew............ " " " "
Tremmel, Nicholas......... " " " "

UNION TOWNSHIP.

Thomas, Robert D ....Unity P. O.
Tawnlay, Daniel................................ " "
Thomas, D. R ....Iowa City P. O.
Thomas, O. Thomas............................. " " "
Thomas, Oliver................................ " " "
Thomas, Mary.................................. " " "
Thomas, John M................................ " " "
Thomas, Robert M.............................. " " "
Tuder, Edward................................. " " "
Tuder, Hugh................................... " " "

WASHINGTON TOWNSHIP.

Taylor, Simon..................................Amish P. O.
Thomas, Frank................................. " "
Thomas, Leander............................... " "
Thomas, Leonard, (tenant)....................Windham P. O.

LUCAS TOWNSHIP.

Tippenhour, Conrad..........................Iowa City P. O.
Terrell, Walter............................... " " "
Tucker, James, Jr............................. " " "
Trine, Edward, [tenant]....................... " " "
Trummel, John, " .... " " "

TOWN OF CORALVILLE.

Turner, W. S., (*poll*)..........................Coralville P. O.
Teerney, Wm.,   "   ....   "   "

BIG GROVE TOWNSHIP.

Ulman, John..................................Solon P. O.
Ulch, James..................................   "   "
Upmire, William M..................Ely P. O., Linn County.
Upmire, William F..................   "   "   "   "

CEDAR TOWNSHIP.

Ulch, George................................Solon P. O.
Ulch, James..................................   "   "
Undenstock, Mathias...............Lisbon P. O., Linn County.

NEWPORT TOWNSHIP.

Urban, Joseph................................Newport P. O.

BIG GROVE TOWNSHIP.

Vomholtz, Henry...................Ely P. O., Linn County.
Vonous, Anton................................Solon P. O.

CEDAR TOWNSHIP.

Vislisel, Martin..............................Solon P. O.
Verba, James.................................. "   "
Visleshet, Martin............................. "   "

CLEAR CREEK TOWNSHIP.

Vandenburg, Andrew............................Tiffin P. O.
Voss, Frederick............................... "   "
Vandenburg, Wilie, (*tenant*)................. "   "
Vandenburg, Grace,   "   .... "   "

FREMONT TOWNSHIP.

Vanhorn, James................................Shoo Fly P. O.
Voget, Nicholas...............................Lone Tree Town.
Vandrasky, John...............................   "   "

GRAHAM TOWNSHIP.

Vermilyea, Edward.............................Oasis P. O.

HARDIN TOWNSHIP.

Volk, Valentine...............................Oxford P. O.

LIBERTY TOWNSHIP.

Vogt, John....................................Seventy-Eight P. O.

MADISON TOWNSHIP.

Volentine, David, (*poll*)....................North Liberty P. O.

MONROE TOWNSHIP.

Vandraeck, John..................Western P. O., Linn County.

NEWPORT TOWNSHIP.

Vevoda, Evan ....Iowa City P. O.

OXFORD TOWNSHIP.

Vanderlip, Henry ....Oxford Town.

PENN TOWNSHIP.

Voustine, Peter..........................North Liberty P. O.

SHARON TOWNSHIP.

Vandike, John................................Iowa City P. O.

LUCAS TOWNSHIP.

Vogt, Charles A.........................Iowa City P. O.
Van Allen, J. S............................   "   "   "

BIG GROVE TOWNSHIP.

Walenta, Wenzel................................Solon P. O.
White, Thomas, Jr.........................   "   "
White, Thomas, Sen., [Estate]................   "   "
White, John...............................   "   "
White, Arthur M., [*poll*]...................   "   "
White, James, (*tenant*)....................   "   "
White, Peter,   "   ....   "   "
Wolf, Arthur..............................   "   "
Walters, Anthony..........................   "   "
Woleska, Frank............................   "   "
Weverka, Frank............................   "   "
Wallick, Josephine.............................Solon Town.
Williams, G. R............................   "   "
Williams, Ged Lein........................   "   "
Walker, A. G..............................   "   "
Wlach, Joseph.............................   "   "
Weincoddle, Frank.........................   "   "
Waterson, K. C............................   "   "
Waterson, J. M............................   "   "

BIG GROVE TOWNSHIP—Continued.

Weiskek, Charles..................................Solon Town.
Wadling, James................................... "   "
Wertner, Ferdenan................................ "   "
Witner, Mary.....................................Solon P. O.
Warner, John..................................... "   "
Wildman, Joseph.................................. "   "
Wildman, Jerry, *(tenant)*........................ "   "
Whittington, B. H.....................Ely P. O., Linn County.

CEDAR TOWNSHIP.

Werber, John.....................................Solon P. O.
Walrub, John..................................... "   "
William, Enoc.................................... "   "

CLEAR CREEK TOWNSHIP.

Wilson, Jeremiah.................................Tiffin Town.
Wilson, George................................... "   "
Willis, Jacob R..................................Tiffin P. O.
Walker, David.................................... "   "
Welch, Michael................................... "   "
Watson, Geo. H................................... "   "
Walker, Robert................................... "   "
Wolf, William.................................... "   "
Wokolaicty, Frank................................ "   "
Wokolaicty, Frank, Jr., *(poll)*.................. "   "
Wilkerson, James, *(tenant)*...................... "   "
White, John,   " .... "   "
Ward, Miram...................................... "   "
Williams, Mrs. Jane.............................. "   "

FREMONT TOWNSHIP.

Walker, Henry........................River Junction P. O.
Welch, Ephram.................................... "   "   "
Walker, James.................................... "   "   "
Wenman, H., [*poll*].............................. "   "   "
Walker, John,   " .... "   "   "
Walker, Elizabeth................................ "   "   "
Wenman, Francis.................................. "   "   "
Wiman, Francis................................... "   "   "
Wilson, William T....................Lone Tree P. O.
Williams, Richard L.............................. "   "   "
Winders, G. W., [*poll*].......................... "   "   "
Woodruff, Hulda.................................. "   "   "
Watson, Hulda.................................... "   "   "

FREMONT TOWNSHIP—Continued.

Weeks, Hosa......................................Lone Tree Town.
White, Andrew................................. "   "   "
Weeks, D. M.................................... "   "   "
Woodruff, William............................. "   "   "
Wason, H. K...................................Shoo Fly P. O.

GRAHAM TOWNSHIP.

Wade, Patrick...................................Morse P. O.
Wade, Richard, [poll].......................... "   "
Westernhaver, A. E.............................Oasis P. O.
Westernhaver, Jessie H......................... "   "
Westernhaver, Frank A., [tenant]............... "   "
Whalen, Thomas,   "   "   "
Westernhaver, Samuel, [poll]................... "   "
Wies, Peter.................................... "   "
Whalen, Timothy................................Iowa City P. O.

HARDIN TOWNSHIP.

Welsh, James...................................Oxford P. O.
Watson, Thomas................................. "   "
Welsh, Maurice................................. "   "
Wentz, Paul....................................Windham P. O.
Will, Jacob.................................... "   "

JEFFERSON TOWNSHIP.

Wetousek, John.................................Shueyville P. O.
Warba, Anton................................... "   "
Walter, Noah................................... "   "
Warrel, Wenzel................................. "   "
Werchecky, Frank............................... "   "
Waltermire, Jacob, (tenant).................... "   "
Wananver, Charles.............................. "   "
Wenzel, Maria.................................. "   "
Williams, C. C................................. "   "
Wallesky, John, Jr.............................Western P. O., Linn County.

LIBERTY TOWNSHIP.

Wicael, George.................................Bon Accord P. O.
Wenshk, John................................... "   "   "
Wrede, William...................South Liberty, "   "   "
Wrede, Charles.................   "   "   "   "
Wondraska, John................   "   "   "   "
Wentling, Frank................   "   "   "   "
Wallace, Mrs. Joseph...........................Iowa City P. O.
Wallace, Jacob................................. "   "   "

LINCOLN TOWNSHIP.

Windram, William	Iowa City P. O.
Windram, Henry D.	" " "
Weise, Jochim	Lone Tree P. O.
Weise, Peter	" " "
Weber, Gerhart	" " "
Wagner, R. C., [tenant]	" " "
Whitacre, Edward P.	Downey P. O., Cedar County.
Whitacre, Albert	" " " "
Westfall, Charles E.	" " " "
Wadkins, Joseph, (tenant)	" " " "
Well, James, "	" " " "
Welch, Anna	" " " "
Welch, H. G.	" " " "

MADISON TOWNSHIP.

Wray, Carson B.	North Liberty P. O.
Wray, R. H.	" " "
Wray, David W., (tenant)	" " "
Wray, Joseph, (poll)	" " "
Work, J. H.	Tiffin P. O.

MONROE TOWNSHIP.

Watrobeck, Vest	Danforth P. O.
Wamogill, Wesley	" "
Wamogill, Elizabeth	" "
Wavra, John, Jr	" "
Welch, Sidney	" "
Wawarka, John	" "
Watrobeck, Frank, (tenant)	" "
Wynek Frank, "	" "
Wenek, John	Amana P. O., Iowa County.
Walker, Samuel, (tenant)	" " " "
Wavra, John, Sen	" " " "
Wasala, Frank	" " " "
Wagner, John	" " " "
Wamogill, John	" " " "
Weber, William	" " " "
Wynome, Joseph, (tenant)	" " " "
Wynonie, Louis, (poll)	" " " "
Wilkin, James,	" " " "
Wixon, Ward	Western P. O., Linn County.
Watrobeck, Joseph	" " " "

NEWPORT TOWNSHIP.

Weber, Martin..Solon P. O.
Walton, John... "   "
Warner, Gustave.. "   "
Wornick, Martin..Newport P. O.
Wheden, O. M., *(tenant)*....................................... "   "
Wechek, Frank, *(poll)*... "   "
Williams, J. H...Iowa City P. O.
Willis, V. T... "   "   "
White, William, *(poll)*....................................... "   "   "
Wade, George... "   "   "

OXFORD TOWNSHIP.

Wallace, C. R...Oxford P. O.
Wagner, John... "   "
Wagner, Louis.. "   "
Williams, Peter.. "   "
Wentz, Daniel.. "   "
Wagner C. Anthony.. "   "
Wagner, Peter.. "   "
Ward, James W.. "   "
Ward, Francis.. "   "
Walker, William A.. "   "
Williams, Susan.. "   "
Weisner, James... "   "
Wolf, L.. "   "
Wolf, Douglass, *[tenant]*..................................... "   "
Wolf, H. K.,   "   .... "   "
Waterman, O. D... "   "
Warthman, Joseph..Oxford Town.
Witter, G. S... "   "
Watsen, L. H... "   "
Wilber, J. H... "   "
Ward, Dr. T. R... "   "
Welch, Jane.. "   "
Wilson & Esterbrook, [Coal, &c.]............................... "   "
Wilson, John W. & Co... "   "
Watson, Thomas... "   "
Williams, Thomas G... "   "
Waterman, L. V... "   "
Waterman, L. C... "   "
Wilson, J. W... "   "

PENN TOWNSHIP.

Well, Joseph	North Liberty P. O.
Wilson, W. P.	" " "
Welch, Andrew	" " "
Work, William	" " "
Weever, Charles	" " "
Worrell, John	" " "
Wiland, Laura	" " "
Weever, J. J., (tenant)	" " "
Wilson, Alexander	Iowa City P. O.
Wilant, Daniel	" " "
White, H. A.	North Liberty Town.

PLEASANT VALLEY TOWNSHIP.

Waldron, Alexander	Iowa City P. O.
Waldron, John L.	" " "
Weldy, Clarance, (tenant)	" " "
Weldy, Samuel P., "	" " "
Walker, Henry, Jr., "	" " "
Weldy, Elias "	" " "
Weldy, Samuel, "	" " "
Wilson, Scott, "	" " "
Walker, Joseph	" " "
Wilson, T. W.	" " "
Wilson, James S., (poll)	" " "
Wenman, Henry	River Junction P. O.
Warner, John A., (tenant)	Morfordsville P. O.

SCOTT TOWNSHIP.

Wescott, A., Jr	Iowa City P. O.
Wescott, M. A.	" " "
Wescott, L. C.	" " "
Wescott, Emery	" " "
Ward, Abner V.	" " "
Wentz, Jacob F.	" " "
Winterbottom, Benjamin	West Branch P. O., Cedar County.
Walker, Isaac	" " " "
Wilson, David, Jr	" " " "
Wilson, Cyrus	" " " "
Whitacre, A.	Downey P. O., Cedar County.
Whitacre, Maurice	" " " "
Wells, Lewton, (tenant)	" " " "

SHARON TOWNSHIP.

Weeks, John............................Frank Pierce P. O.
Weeks, P. F............................   "   "   "
Weeks, William.........................   "   "   "
Wambacker, Andrew......Richmond P. O., Washington County.
Whitmore, J. E., (tenant)...   "   "   "   "
Wolf, J. D.............................Bon Accord P. O.
Washington, Susan T....................   "   "   "
Weber, Frederick.......................Iowa City P. O.
Weber, Isaac, S., (tenant).............   "   "   "
Weber, J. J............................   "   "   "
Watts, Daniel..........................   "   "   "

UNION TOWNSHIP.

Wilkison, Robert.......................Unity P. O.
Weber, Peter...........................   "   "
Wagener, Michael.......................   "   "
Weiks, James...........................   "   "
Weber, Peter S., [tenant]..............Iowa City P. O.
Williams, N. J.........................   "   "   "
Williams, Thomas T.....................   "   "   "
Williams, Evan.........................   "   "   "
Williams, Richard......................   "   "   "
Wicks, Nicholas........................   "   "   "
Wrehoticky, Frank......................   "   "   "
Wissindinger, Conrad...................Windham P. O.

WASHINGTON TOWNSHIP.

Wertz, William.........................Amish P. O.
Woodyard, William, (tenant)............   "   "
Wertz, D. W.,   " ....   "   "
Wuchrich, Michael......................   "   "
Williamson, G. F.......................   "   "
Welch, William.........................Windham P. O.
Webster, M. L..........................   "   "
Walters, George........................Frank Pierce P. O.
Wagoner, John..........................   "   "   "
Wimer, John, (tenant)..................   "   "   "
Wimer, Joel,   " ....   "   "   "

LUCAS TOWNSHIP.

Weider, Val............................Iowa City P. O.
Walker, Franklin.......................   "   "   "
Whitesides, Abram......................   "   "   "
Wilcox, John...........................   "   "   "

LUCAS TOWNSHIP—Continued.

Wilson, John..Iowa City P. O.
Wolz, John.." " "
Whistler, John, [tenant].......................... " " "
Wilson, W. F.,   "   .... " " "
Wessel, Henry,   "   .... " " "
Wilcox, B. D., (poll).............................. " " "
Wilson, L. G.,   "   .... " " "
Witter, J. W.,   "   .... " " "
Wilde, Benjamin H................................ " " "

TOWN OF CORALVILLE.

Wilson, J. G., (tenant)..........................Coralville P. O.
Williams, John, [poll]............................ " "
Warren, George, "   .... " "
Welsh, John,   "   .... " "
Watson, Isaac..................................... " "

CEDAR TOWNSHIP.

Yettick, Joseph..................................Solon P. O.

CLEAR CREEK TOWNSHIP.

Yenelink, Frederick..............................Tiffin P. O.

FREMONT TOWNSHIP.

Young, William...................................Lone Tree P. O.
Yoenn, Daniel.................................... " " "

HARDIN TOWNSHIP.

Yenter, William L................................Oxford P. O.
Yoder, D. M......................................Windham P. O.
Yulzy, Elizabeth................................. " "

JEFFERSON TOWNSHIP.

Yesler, Henry....................................Shueyville P. O.
Yesler, D. W..................................... " "
Yanko, John, Sen..................Western P. O., Linn County.
Yanko, John, Jr.................. " " "

LIBERTY TOWNSHIP.

Younkin, Dr. G. W............South Liberty, Bon Accord P. O.

MADISON TOWNSHIP.

Young, Dr. M.....................................North Liberty P. O.
Young, Mrs. Iowa M............................... " " "

MONROE TOWNSHIP.

Yelleneck, Frank.................................Danforth P. O.
Yerkufsky, John, [poll]........................   "   "
Yelick, John   "   ....   "   "

NEWPORT TOWNSHIP.

Yarbrough, Eliza................................Iowa City P. O.
Yarbrough, Samuel............................   "   "
Yariva, Dominick ....   "   "

OXFORD TOWNSHIP.

Yenter, Casper...................................Oxford P. O.
Yearick, Simon ....   "   "

SHARON TOWNSHIP.

Yoder, M. J ....Amish P. O.
Yoder, Peter S., (tenant).....................   "   "
Yoder, Peter M.................................   "   "
Yoder, Levi D..................................Sharon Center P. O.
Yoder, Jonathan, (tenant)....................   "   "
Yoder, David S.,   "   ....   "   "
Yoder, Gideon,   "   ....   "   "
Yoder, Moses,   "   ....   "   "
Yoder, Stephen D................................   "   "
Yoder, Abner....................................Iowa City P. O.
Yoder, S. H.....................................Bon Accord P. O.
Yoder, Henry Z...........Richmond P. O., Washington County.

UNION TOWNSHIP.

Yoder, Annias, (tenant).......................Iowa City P. O.
Young John,   "   ....Unity P. O.

WASHINGTON TOWNSHIP.

Yokam, Joseph..................................Windham P. O.
Yoder, Christian D., (tenant)................   "   "
Yoder, Joseph,   "   ....   "   "
Yokam, Albert,   "   ....   "   "
Yokam, John,   "   ....   "   "
Yoder, Daniel M.................................   "   "
Yoder, Tobias...................................Amish P. O.
Yoder, C. C.....................................   "   "
Yoder, David, Jr................................   "   "
Yoder, Peter M..................................   "   "
Yoder, Eli......................................   "   "
Yoder, C. C. & Bro.. [Merchants]..............   "   "

BIG GROVE TOWNSHIP.

Zeneshick, George...................................Solon P. O.
Zobokutsky, Frank....................Ely P. O., Linn County.
Zeller, Elizabeth........................   "   "   "   "

CEDAR TOWNSHIP.

Zingula, Joseph..................................Solon P. O.
Singula, Jacob...............................   "   "
Zingula, Frederick..........................   "   "
Zineshek, Catharine.........................   "   "
Zerfig, David, (tenant)...............Lisbon P. O., Linn County.

FREMONT TOWNSHIP.

Zemmerman, J. W......................River Junction P. O.

GRAHAM TOWNSHIP.

Zimmerman, Christian..........................Morse P. O.
Zeller, Roman.................................Oasis P. O.

JEFFERSON TOWNSHIP.

Zyke, George W., (tenant).....................Shueyville P. O.
Zaick, Mathias...............................   "   "
Zeman, Joseph................................   "   "

LIBERTY TOWNSHIP.

Zager, Jacob..............................Bon Accord P. O.

MADISON TOWNSHIP.

Zack, Frank, [tenant] ....North Liberty P. O.

MONROE TOWNSHIP.

Zobokutsky, Joseph............................Danforth P. O.
Zock, Joseph................................   "   "
Zarieska, James, [Estate].....................   "   "
Zourell, Joseph...........Amana P. O., Iowa County.
Zike, Alexander...........Western P. O., Linn County.
Zanaster, John............................   "   "   "   "

NEWPORT TOWNSHIP.

Zelskeshek, John.............................Iowa City P. O.
Zoudel, Albert...............................Newport P. O.

PENN TOWNSHIP.

Zeller, Nicholas, Sen......................North Liberty P. O.
Zeller, Nicholas, Jr........................   "   "   "
Zeller, Jacob..............................   "   "   "
Zeller, Michael............................   "   "   "
Zardeck, John, Jr..........................   "   "   "
Zardeck, Frank.............................   "   "   "
Zika, John.................................   "   "   "

SHARON TOWNSHIP.

Zagar, Charles............................Sharon Center P. O.
Zagar, August L...........................   "   "   "
Zagar, August............Richmond P. O., Washington County.
Zagar, Frederick..........   "   "   "   "

WASHINGTON TOWNSHIP.

Zimmerman, Mathias.........................Windham P. O.
Zagar, Wm..................................Frank Pierce P. O.

LUCAS TOWNSHIP.

Zimmerman, John............................Iowa City P. O.

☞ The word *Tenant* in the foregoing pages denotes that the party pays PERSONAL TAX only.

☞ The word *Poll* denotes that only POLL TAX is paid.

JUSTICES OF THE PEACE.

TOWNSHIPS.	NAMES OF JUSTICES.	POST OFFICES.
Iowa City	Dodder, G. W. Berryhill, W. D.	Iowa City. Iowa City.
Big Grove	Rogers, E. M. Andrews, Paul B	Solon. Solon.
Cedar	Moore, H. G. Thompson, L. H.	Solon. Solon.
Clear Creek	Chapman, O. Brown, Morris	Tiffin. Tiffin.
Fremont	Jones, Evan D Musser, John D.	Lone Tree. River Junction.
Graham	Andrews, Orin Garvin, T. M	Morse. Oasis.
Hardin	O'Riley, A.	Windham.
Jefferson	Zulek, Frank Graham, Thomas	Shueyville. Shueyville.
Liberty	Birrer, Martin Gross, Gregory	Seventy-Eight P. O. Bon Accord.
Lincoln	Whitacre, Edward P. Crawford, Hugh	Downey, Cedar County. Lone Tree.
Madison	Robertson, J. T. Dote, Christian	Tiffin. Tiffin.
Monroe	Barnes, P. H. Hartley, G. W.	Amana, Iowa County. Danforth.
Newport	Willis, L. V. Ressler, C. S.	Iowa City. Solon.
Oxford	Hilborn, Isaac Vanderlip, Henry	Oxford. Oxford.
Penn	Zeller, Jacob Owen, Nathan	North Liberty. North Liberty.
Pleasant Valley	Richard, John Pipler, Edward	Morfordsville. Iowa City.
Scott	Parrott, John Downs, J. H.	Iowa City. Downey, Cedar County.
Sharon	Ford, W. B. Luke, S. G.	Riverside, Washington County. Sharon Center.
Union	Brady, J. J Buck, William F.	Iowa City. Windham.
Washington	Lantz, F. S. Zimmerman, M.	Amish. Windham.
Lucas	Lathrop, H. W. Stewart, McDonald	Iowa City. Iowa City.

CONSTABLES.

TOWNSHIPS.	NAMES OF CONSTABLES.	POST OFFICES.
Big Grove	Payne, James	Solon.
	Heinsius, James	Solon.
Cedar	Sager, A. B.	Solon.
	Swafford, Nathan	Solon.
Clear Creek	Brown, G. A.	Tiffin.
	Wilson, Jerry	Tiffin.
Fremont	Jeantel, J. B.	Lone Tree.
	Fountain, E.	River Junction.
Graham	Thompson, W. A.	Oasis.
Hardin	McCabe, Owen	Windham.
Jefferson	Whitonshek, Charles	Shueyville.
	Anderson, George C.	Shueyville.
Liberty	Gross, Vincent	Bon Accord.
	Birrer, George	Seventy-Eight P. O.
Lincoln	Wagner, R. C.	Lone Tree.
Madison	Kral, Frank	Chase.
Monroe	Milivard, Josiah	Danforth.
	Wilkins, James N.	Amana, Iowa County.
Newport	Baker, J. J.	Newport.
	Barczek, J.	Newport.
Oxford	Humphreys, Henry	Oxford.
	Hilborn, James	Oxford.
Penn	Bennett, William S.	North Liberty.
	Potter, Adam	North Liberty.
Pleasant Valley	Loney, Patrick	Iowa City,
Scott	Fawcett, Thomas H.	Iowa City.
	Thompson, W. W.	Downey, Cedar County,
Sharon	Hartman, Chester	Middleburg, Washington Co.
Union		
Washington	Chandler, J. L.	Amish.
	Chandler, J. N.	Frank Pierce.
Lucas	Rowley, A.	Iowa City.
Iowa City	Dorwart, S. E.	Iowa City.
	Greulich, John	Iowa City.

www.ingramcontent.com/pod-product-compliance
Lightning Source LLC
Chambersburg PA
CBHW021811230426
43669CB00008B/718